何为幸福

"彩虹哲学"丛书主编 苏德超

【古罗马】奥古斯丁 著 贺腾 编译

中国文联出版社

图书在版编目（CIP）数据

何为幸福 /（古罗马）奥古斯丁著 ; 贺腾编译 . —北京：中国文联出版社 , 2022.5（2022.09 重印）
（彩虹哲学 / 苏德超主编）
ISBN 978-7-5190-4864-8

Ⅰ.①何… Ⅱ.①奥…②贺… Ⅲ.①奥古斯丁（Augustine, Aurelius 354-430）—幸福—哲学思想 Ⅳ.① B503.1

中国版本图书馆 CIP 数据核字 (2022) 第 068250 号

何为幸福

丛书主编：苏德超
原　　著：【古罗马】奥古斯丁
编　译：贺　腾
责任编辑：张超琪　许可爽
特约编辑：黄博文　钟文婷　张维祥
责任校对：张　红　肖　纯
装帧设计：有识文化

出版发行：中国文联出版社有限公司
社　　址：北京市朝阳区农展馆南里 10 号　　邮编：100125
网　　址：http://www.clapnet.cn
电　　话：010-85923091（总编室）　　010-85923058（编辑部）
　　　　　010-85923025（发行部）
经　　销：全国新华书店等
印　　刷：北京市庆全新光印刷有限公司

开　　本：787 毫米 × 1092 毫米　　1/32
印　　张：7
版　　次：2022 年 5 月第 1 版
　　　　　2022 年 9 月第 2 次印刷
书　　号：ISBN 978-7-5190-4864-8
定　　价：39.00 元

版权所有　侵权必究
如有印装质量问题，请与本社发行部联系调换

丛书序：幸福，快乐与生命的满足

"你幸福吗？"

这有点不好回答。我们更愿意回答的问题是："你快乐吗？"后一个问题直截了当。幸福是一个更私人的话题，不能随随便便就讲出来。但快乐不同，快乐可以写在脸上，渗在声音里。趋乐避苦是人的本性。尤其是当下的快乐，对所有人都具有强大的吸引力。它好像是一个终点，我们愿意停在那里。美味的食物、动听的音乐、曲折的故事、刺激的游戏……这些东西让我们沉醉。就算过去了，我们还津津乐道。

但是，快乐并不是终点，而只是人生旅途的一座座小站。几乎没有人一直沉迷在快乐中。一则快乐的边际效用会递减，重复的快乐让人乏味；二则快乐有成本，而快乐本身不足以支付这个成本。于是，为了快乐下去，我们必须抛开当下的快乐。有点悖理，却是事实。

离开当下的快乐，我们要到哪里去？常见的回答是下一站快乐。然而，在到达下一站之前，我们干什么呢？大多数人将不得不努力工作，或者努力学习，这样才能支付未来的快乐成本。心理学家发现，那些主动延迟即时满足感到来的儿童，长大后更容易获得世俗意义上的成功。忙着吃巧克力的孩子，不但会吃坏牙，而且也浪费了本可以用于学习的时间。隐忍、坚毅在哪一种主流文化中都是美德：对唾手可得的快乐视而不见，努力，再努力，直至想象中的更大快乐出现。本性要求趋乐避苦，文化却号召我们吃苦耐劳。重要的不是眼前的、看得见的快乐；而是未来的、看不见的快乐。有点赌博的意味，但经济和文化却因此繁荣起来。拼搏的人生才是最有意义的。拼什么？拼工作，拼学习。

事实上，一些人是如此的拼，以至于他们几乎总是把眼前的收益贮存起来，不急于兑付，以等待更大的快乐出现。更大的快乐里面，有家庭，有事业，有意气风发的壮年，有平淡而充实的老年。他们不但希望自己这样,也希望自己的孩子这样。甚至为了孩子,不少人放弃了自己对快乐的追求。身边的人意气风发,他们隐忍;身边的人志得意满,他们隐忍。隐忍的目的,只是为了孩子能有一个好的环境,可以刻苦学习,以便长大以后能找个好工作。自然,长大以后,这些孩子也会有他们的孩子。可以想见,他们大概率会走在同一条路上。

这就让人想起下面这则故事。从前有个放羊娃,每天辛辛苦苦地放羊,让羊长肥,长肥了就可以赶到集市上卖钱,有了钱就可以买更多的羊崽来放,有更多的小肥羊,卖更多的钱,直到这些钱足够娶媳妇,娶了媳妇就可以生孩子,生的孩子就又可以放羊了……看出来了吧,我们每个人都是放羊娃,只是工种不同而已。放羊自然是想得到快乐,但为了更大的快乐,我们忘记了快乐,只记得放羊了。放羊就是我们的工作。

人生就这样代际循环。海德格尔曾经这样总结亚里士多德的一生:他出生,他工作,他死去。人生的循环,概莫能外。一代一代的人,他们出生,他们工作,他们死去。从表面上看，工作联结着出生与死亡。但是很明显，工作的意义，并不是去充当从出生到死亡的摆渡者。为什么要工作啊？因为这样就可以走向死亡了。这也太荒唐了。凡是来到世间的，终将离开。工作还是不工作，都不会改变这一点。

我们工作，显然是因为我们另有所求。

这个所求当然包括快乐。最常见的快乐包括物质的享受、权力的攫取和知识的追求。更好的工作会带来更多的财富，财富愈多，物质保障愈好，我们愈能免于饥寒之迫，疾患之苦；身体无苦痛，那是何等的轻松。更好的工作，往往能带来更大的权力，让我们能影响更多的人；一呼百应，旌旗如云，那是何等的快意。更好的工作，可以让我们知道得更多，不被无明掩蔽；一切了然于胸，那是何等的畅然。从某个意义上理解，生命就是一场自我体验。注重快乐，会让我们活得内在一些。生命，不是用来张扬的，而是用来过活的；它不是别人眼中的风景，而是自己心头的喜悦。

但事情似乎没有那么简单。物质的丰富、权力的大小和知识的渊博跟快乐的关系并不密切。不是说财富越多、权力越大、见闻越广就越快乐，忧心忡忡的富人、提心吊胆的当权者、郁郁而终的学者并不少见。人类学家发现，都市里的白领并不比丛林中的原始人更快乐。

况且，快乐不一定好。快乐是一种当下感觉。人生跟着感觉走，就像开车完全相信自动导航，有时反而到不了目的地。一些快乐是危险的歧路，在感官上诱惑我们，使我们精疲力竭，茫然无措，老子说，"五色令人目盲，五音令人耳聋"；一些快乐是失意的安慰，只让我们暂时避开伤痛，舒张心意，罗隐说"今朝有酒今朝醉，明日愁来明日愁"。这样的快乐，很可能并不值得艳羡，反倒应该同情。

再者说，就算是那些生活中正面的快乐，如果我们执着于它们，很可能就会错过对更深层目标的追求。很多老人在儿孙满堂时回顾自己的一生，平平安安，快快乐乐，一直过着邻居们倾慕的生活，却依旧怅然若失：读书时，为了保险起见，没有填报更合意的学校；工作时，刚刚新婚，拒绝了外派的机会；中年升职，选择了不那么劳累但也不那么出彩的岗位……他们没有做错什么，所以他们一点儿都不后悔。他们又似乎因此错过了什么，所以他们不免有些失落。

回到前面的问题：你幸福吗？要是你不快乐，差不多你并不幸福。快乐是重要的。但是，只有快乐，我们也会有失落的时候，如果生命当中还有一些事情来不及成就，我们就并不心满意足。哲学家们认为，幸福，既指快乐，更指生命的满足。我们要的不只是当下的快乐，更是生命的满足感。心满意足，胜过任何肤浅的快乐，胜过物质、权力和知识。快乐是短暂易逝的。在恋人肩头痛哭一晚，缠绵悱恻的快乐会随着这一晚的过去而消逝，但因此带来的心满意足却是长久的，它将会在回忆中不断地为日渐消瘦的生命注入能量。心满意足了，你就幸福了，哪怕目标没有达到，哪怕人生的烛火就要熄灭。

怎样才能度过心满意足的一生，这是我们面临的最为重要的问题；长期以来，也是哲学的主要课题之一。对此几乎所有重要的哲学家都有过论述。本套丛书选编了西方哲学史上有代表性的七种回答。柏拉图说,"善"是统治世界的力量,我们应该全面地"善"待自己和他人;亚里士多德说,我们应该让自己的生命"兴旺发达",过理性沉思的生活,活出"人"的样子;斯多葛主义者说,不要放纵盲目的欲望,要跟自然一致;奥古斯丁说,相信点什么比什么也不信强,相信这个宇宙的设计者则会得到至福;卢梭说,真实地活在自己的世界中,不要让欲求超过自己的能力;尼采说,追求自己的事业,跟痛苦"正面刚";罗素说,有感情,但不要感情用事。在选编中,我们尽量去掉了过于理论化和技术化的部分,希望这套书能够给大家提供人生的镜鉴。

所有的雨后,都可能出现彩虹,只要有阳光,只要我们站在恰当的地方。雨,是所有的挫折;阳光,是我们对生命的热爱;哲学家们的思考,则是到达这些恰当地方的路线图。

苏德超 2020 年 4 月于武汉

目录

导言
奥古斯丁生平概览　001

I

哲学与幸福（一）

/ **哲学的邀请** / 哲学将把自身展现给真正爱它的人。
011

/ **寻求真理与找到真理** / 人可以在寻求真理的过程中实现幸福。
015

/ **哲学讨论无须权威** / 讨论并非执着于胜负输赢，而在于发现正义和真理。
018

/ **寻求真理意味着幸福吗？** / 他们始终在追寻，却因没有获得真理而处于错误中。
022

/ **对错误的界定** / 一直在寻求真理的人尽管没有找到真理，但是他们并非生活在错误之中。
026

| 对智慧的界定 | 智慧不仅仅关乎知识,而且也有人对人事与神事知识的追求。
029 |

| 总结 | 以心灵的平静来追求真理就会导向幸福生活。
041 |

II

哲学与幸福(二)

| 哲学的港湾 | 理性希望那些接近哲学和从事哲学的人畏惧高山并提防那些自诩的学问。
047 |

| 灵魂与身体 | 德性可以持久,它最大的部分是节制和自制。
052 |

| 人人追求幸福 | 当他追求好的事物的时候,他就是幸福的;若他追求坏的事物的时候,他就是不幸的。
057 |

幸福在于自制	不幸之人恰恰在于他的欲壑难填。
	059

幸福的三个意见	生活洁净的人意味着没有不洁的灵魂。
	062

学园派不幸福	无人会追求他们不想要的东西。
	065

匮乏与不幸	智慧的缺乏是最大的缺乏,不缺乏智慧的人一无所缺。
	069

愚蠢乃精神的匮乏	不仅仅每一个匮乏的人都是不幸的,而且没有一个不幸的人不是匮乏的。
	075

自制与尺度	正因真理产生于尺度,所以尺度在真理中被认识。
	080

III

意志与幸福

意志朝向幸福生活	那些幸福的人不幸福的原因，仅仅可能在于他们只是想要生活得幸福。
	087

永恒律法与时间律法	正因永恒律法，我们才能判定事物是正义的，或是被正义地改变，或是源自正义。
	096

真正的幸福	每个人都愿享幸福，但并非每个人都知道真正的幸福是什么。
	100

正确的意愿带来幸福	幸福生活的人必须真正地活着。
	108

幸福的永恒品性	信仰并非借助人类的理性，而是神圣的权威。
	111

幸福的羁绊：意志的软弱	当灵魂为真理抬升的时候，它不会犹豫不决，但是它会为自己的习惯所困。
	112

IV
真理与幸福

以真理为食 — 在真理中,我们认识并拥有最高的善。
117

人类灵魂七等级 — 灵魂净化自身就是委身于此秩序,并相信能够被帮助且达至完满。
120

理性的存在 — 有的人追求不应追求的事物——尽管那显得对他们来说是好的——这样的人往往处于错误之中。
128

精神向上探求 — 认识真理的人认识这光,认识它的人也认识永恒。
135

记忆的力量 — 谁如果将喜乐视为他物,就不是真正的喜乐。
136

V

幸福与德性

/ **对德性的界定与讨论** / 德性要么独立于灵魂而存在,要么存在于灵魂之中。
153

/ **四主德** / 德性并非天生就有的,而是学习的结果。
155

/ **奥古斯丁论爱** / 我们首要的目的就是变得仁慈,也就是说,我们不该恶意对人。
168

VI

至善与幸福

/ **至善与至恶** / 最高的善乃是不能违背我们的意愿而失去的善。
179

此世的不幸

正因我们还未真正看见自己本真的好,我们必须依靠信仰生活。

185

瓦罗论至善

追求智慧的人就是追求至善、避免至恶。

188

安享与使用

人类之所以会出错就在于使用了本应当享用的事物,而享用了应当使用的事物。

199

编译后记

导言：奥古斯丁生平概览

公元354年11月13日，奥古斯丁出生于塔加斯特城（现阿尔及利亚的苏格艾赫拉斯），他的父亲巴特利西乌斯是当时罗马的官员，他的母亲莫妮卡是一名虔诚的基督教徒。奥古斯丁在塔加斯特城和附近的马达乌拉度过了他的学生时代。我们从他的自传性著作《忏悔录》中可知，青年时代的奥古斯丁过着荒淫无度、无所事事的生活。370年至373年，奥古斯丁在北非的迦太基城学习修辞学，在这一时期他接触了大量拉丁的经典著作；在奥古斯丁19岁的时候，他的父亲去世，他在家乡谋得了一份教师的工作。在这期间，他与一位无名女士开始了一段长达15年的恋情，并生下了孩子阿德奥达图斯。

受到西塞罗的《荷尔顿西乌斯》的影响，奥古斯丁投入哲学的怀抱。哲学作为爱智慧之学，在古代语境下不仅仅是现代意义上的理论学科，更是一种生活方式。在哲学的浩瀚海洋中,奥古斯丁寻得了内心停泊的港湾。在这一时期,奥古斯丁也阅读了《圣经》,但是其乏善可陈的文风未能吸引他。在寻求真理的途中,奥古斯丁皈依了摩尼教长达9年之久。摩尼教可以追溯到诺斯替主义,这一派别主张二元论,认为世界存在着善、恶两个本原。但摩尼教无法回答奥古斯丁有关恶的疑问:恶是否存在?若造物主和受造物都是善的,恶从何而来?

正如奥古斯丁在《忏悔录》第五卷里所提到的,奥古斯丁也深受新学园派怀疑主义的影响。新学园派主张不可知论,认为一切知识都是不确定的。借助新学园派的怀疑这一方法,他脱离了摩尼教。384年,奥古斯丁成为米兰宫廷的修辞学老师,但之后由于身体上的不适他不得不放弃了这一职位。在米兰期间,奥古斯丁结识了一群基督教柏拉图主义者,并通过对柏拉图主义著作的学习认识到上帝的本性是精神性的、不变的。此外,奥古斯丁还经常聆听米兰主教安布罗休斯的讲道,并从他那里学习到了寓意解经法。386年的夏天,奥古斯丁完成了他的宗教皈依。皈依后,32岁的奥古斯丁和他的母亲、儿子及几个朋友和学生迁往乡下——意大利北部的加西齐亚努。在那里他完成了多部哲学对话著作,如《论幸福生活》《反学因派》及《论秩序》等。

391 年他在希波成为司铎,395 年祝圣成为主教。作为教会职能人员,奥古斯丁进行了很多神哲学的论战,如与摩尼教有关恶的讨论、与多纳图主义有关教会生活的论战、与佩拉纠主义有关恩典与自由意志的论战。大量的作品及公事上的操劳耗费了他太多的精力,但在他生命的最后一年,他仍在撰写着其伟大著作《上帝之城》并修正他的作品《回顾篇》及一些关于恩典神学的论文。430 年的秋天,奥古斯丁在希波与世长辞,享年 76 岁。

奥古斯丁
幸福讨论概览

奥古斯丁对幸福的探讨几乎贯穿了他的一生,对上帝、真理和幸福的追求可视作他哲学的终极任务,也是安顿他生命的方式。他对幸福的讨论见之于不同形式的文本,诸如早年在加西齐亚努的对话集,不同时期的神哲学论著,经文诠释及讲道词等。

奥古斯丁的思想是古典哲学与基督教思想碰撞激荡下的产物。

前文我们已经提到，奥古斯丁因阅读了西塞罗的《荷尔顿西乌斯》而走上哲学的道路。早年的奥古斯丁将哲学视为人生的避风港，在那时的书信中他也邀请他的好友皈依哲学。

除了西塞罗，奥古斯丁还深谙瓦罗的著作，在《上帝之城》中奥古斯丁借用了瓦罗的分类分析方法，批评了古代诸多学派的幸福理论。此外，诚如奥古斯丁自己所言，他接触过柏拉图主义的著作，因而他的思想极具新柏拉图主义的色彩。如同新柏拉图主义者一样，奥古斯丁提倡幸福在于对永恒真理的慧观与沉思。奥古斯丁也深谙斯多亚学派的传统，提倡德性之于幸福生活的必要性。最后，奥古斯丁深谙《圣经》文本和基督教教父传统，通常将其作为奥古斯丁后期思想转向的思想资源。因此，奥古斯丁反对骄傲，强调人必须谦卑。他批评了古代诸多学派，因为这些学派认为在此生可通过自身的努力获得幸福。

奥古斯丁的首部著作《论幸福生活》确定了他在幸福问题上的基调。从形式上来说，"求之不得，得非所求"都是不幸的。如果没有得到所追求的事物，就不是幸福的，奥古斯丁认为幸福必须是完满的状态。若要达到这一完满状态，人追求的对象也必须是完满的。这一对象就是上帝，它不会改变，一旦拥有就不会失去。在奥古斯丁的眼中，幸福不是对这真理的无休止寻觅（一直在寻找，还未找到），也不是对外在事物的不间断追求，诸如对金钱、名利的追求。从具体内涵上来说，幸福就是真理，真理就是上帝。拥有上帝就意味着达到某种完满的状态。而就灵魂自身而言，理性在于"尺度、理性与智慧"。奥古斯丁还倡导智慧的生活，智慧就是知道哪些是可以永恒不变的，哪些是终将逝去的。正所谓，"智者不惧，智者不哀"。

从灵魂论来看，奥古斯丁对幸福的定义是"凭借人的最佳部分生活"。弄清楚幸福是什么，首先需要弄清楚人的本质是什么？身体、灵魂，还是身体与灵魂的结合，最为根本的是什么？奥古斯丁认为，身体以灵魂为生，灵魂以上帝为生。故而，人需要以上帝为目的、追求上帝。就灵魂的修炼而言，最为重要的就是提升自己的道德品行。"德性构成了幸福生活的必要条件"，这一斯多葛传统的学说也为奥古斯丁所坚持。

从认识来看，幸福以对真理的认识为基础。奥古斯丁认为，获得真理的人才能真正幸福。在这一维度里，对幸福的追求就是对真理的追求。奥古斯丁强调人们需要用灵魂的眼睛来追寻不变的真理，并安享在真理思考的愉悦中。就这个方面来看，奥古斯丁的幸福论与新柏拉图主义或亚里士多德具有相似性，提倡理论的人生或沉思的人生。

从恩典的角度来看，奥古斯丁将人类的一切所得都看作是上帝的馈赠，包括人的信仰、智慧及行为，等等。《圣经》有云"这不在乎那定意的，也不在乎那奔跑的，只在乎发怜悯的神"。在《论天主教道德》中，人类的德性被定义为是上帝之爱的不同形式，这将导向一种信仰主义的德性论；幸福亦有末世论色彩，正如经文所说"我们如今仿佛对着镜子观看，模糊不清[1]，到那时，就要面对面了。我如今所知道的有限，到那时就全知道了，如同主知道我一样"。也就是说，对上帝的慧观，只有在末世才能实现，人在此世无法幸福。

---

[1] 注：'模糊不清'原文作'如同猜谜'。

奥古斯丁思想
的现代意义

奥古斯丁距我们当今的时代约 1600 年之久，为什么我们还需要讨论奥古斯丁？奥古斯丁对当代人还有什么意义？

虽然我们与奥古斯丁所处的时代不一样，但是人类所面临的终极问题和基本的生存体验是具有相似性的。哲学所面对的恰恰就是这些问题，并为此提供具有普遍意义的解答方案。在这个意义上，哲学并不会因时空的差异而失去价值。无论是东方还是西方的哲学著作，以往的或当下的哲学思考都能为我们提供思维上的启发或生活上的启迪。同样，奥古斯丁对幸福、真理、道德等哲学问题的思考，也为当代人提供了一条参考路径。

此外，奥古斯丁在《忏悔录》中刻画的那种孤独、无所依靠、不断寻求真理的状态，无疑也和我们当下的状态具有相似性。在高度个体化的现代社会，技术的兴起看似拉近了人与人之间肉体的距离，却扩大了心灵之间的距离，个人为技术所包围，每个人也似乎都患上了"手机病"。在现代的孤独感中，不少人和青年时代的奥古斯丁一样找不到人生的方向，沉沦在肉体的快乐中，及时行乐。奥古斯丁在沉沦中寻求到内心真正的归宿，并持守他所信奉的真理。先贤苏格拉底曾说"不经反思的人生是不值一过的"。内心的平静和人生的从容需要有强大的内心。自我的反省、精神的修炼，不断追求更好的自我，这是奥古斯丁的诸多文本所提示给我们的。

I

哲学与幸福

公元386年,奥古斯丁皈依基督教后,在加西齐亚努过上了哲学的生活。在那里,他与自己的学生、好友和母亲每天探讨哲学,他们关注真理、幸福等终极问题。《反学园派》里主要讨论了真理和幸福之间的关系,学园派认为幸福在于追求真理的过程,而奥古斯丁认为幸福在于找到真理。

哲学的邀请

德性使人远离厄运！德性如此长久，人凭借德性免于沦为命运的奴隶，哪怕有时候命运也能给你带来福气。但要么因为人的咎由自取，要么因为自然的必然，智慧的港湾不让受制于身体的神圣的精神进入。如此看来，我们因运气欠佳而无法到达这一港口。所以我们只能祈祷，向关心万物的上帝祈祷，恳请上帝使你成为你自己——上帝也会反馈于你——并允许那一贯等待着的精神呼吸真正自由的空气。

> 哲学将把自身展现给真正爱它的人

"命运"乃某种神秘的秩序，我们或许可以把它称之为"偶然"。我们无法用理性来理解"命运"，所有有益和无益的事都处于和谐的状态。我邀请你投入哲学的怀抱，因为哲学教导我们什么是真正值得追求的事物，虽然它不是宗教上的神谕，但它拥有最丰富的学说。哲学将把自身展现给真正爱它的人。

当你心情不如意时，请勿妄自菲薄。当神圣的预知通晓一切的时候，相信我：你终将被公正以待。

生在这充满了各式错误的尘世，尽管你各方面优异，但理性尤为微弱。你如此富有，可财富开始吞没你年轻的精神，诱使你追求尘世浮华，这实际上是危险的深渊。如果你沉迷于此，你终将会被不幸的命运之风卷走。

如果你因给我们的市民准备一场熊的，或其他什么动物的视觉盛宴而收到掌声雷动；如果你被愚人们一致颂扬；如果所有的人都对你毕恭毕敬；如果市民视你为城民及邻邦人的保护者；如果市民为你建立雕像、给你荣誉；如果你顿顿珍馐；如果你总是能够得到你所需要的东西，追求快乐，并对此常抱有信心；哪怕不去刻意追求，你就有享之不尽的荣华富贵；如果你的府邸被你的仆人们精心地照顾和收拾；你坐享宫室之美，有大的浴场，时常宴请宾客。如果你过着上述的生活，谁还敢给你谈论其他幸福生活的可能？谁敢说服你——这并非幸福生活，你该去追求真正之幸福，哪怕你自觉生活实乃如此幸福？遭遇不幸时，你才会立刻明白！必定朽坏之人因其所认为的善好而不幸，但是你无须被这些人说服，因为你已经拥有了一切，反倒是我们可以用你的例子为之教导。

所以，你所拥有的神性的元素——不管它是什么——凭借它，你才能追求合宜的且有价值的事物；你因为它变得慷慨，而非只是富有，更是追求正义而非权力；你的理性从未屈服于不幸——隐匿的预知决定用你所遭受之苦难唤醒那因此生之困倦而熟睡的理性。

苏醒吧！苏醒吧！我请求你！相信我，尘世中的事物将难以引诱你，它们只能攻陷那些心志不稳之人。凡尘俗世曾经令我着迷，我每天为其唱颂歌，直到我因胸中的疼痛而放弃所有投入哲学的怀抱。现在，哲学滋养我、支持我，唤醒我的希望，它使得我从我以前所信奉的迷信中解脱。哲学教导真理，我们的肉眼所见与感觉所触之物绝不能被崇拜。相反，它们应当被轻视。哲学能够展现真实而隐秘的上帝，并透过云层瞥见他。

利凯提乌斯与我分享了这样的生活方式。他从欲望的诱惑中全心全意地转向了哲学，我斗胆认为他给他的父亲做了表率。无论在何年纪，都绝无理由埋怨自己被哲学拒绝。我知晓你对哲学的渴望，我希望你投身于哲学并汲取它的营养。我希望这恳请不会落空。

风不会吹走我们的港口

为此，我将特里盖提乌斯与利凯提乌斯这两位后辈之间的讨论稿寄送给你。特里盖提乌斯之前由于军事任务离开了我们一阵子，似乎这样，他正好可以从研究的厌烦情绪之外获得片刻休息。我们在加西齐亚努这个地方生活了一段时间，在此期间我劝告并鼓励他们学习，他们的才华也超出了我原来的预想。我想要看看他们在年轻的时候会做些什么，尤其是通过阅读西塞罗的《荷尔顿西乌斯》是否会爱上哲学，为此我聘请了一位速写人员。"风不会吹走我们的港口"[①]，我不希望任何人在讨论中找不到方向。你将阅读这部著作，这是两位年轻人对一些问题的讨论和观点，以及我的和阿利比乌斯的观点。

---

① 维吉尔《埃涅阿斯纪》9.312.

寻求真理与找到真理

在我的邀请下,大家聚集在了一起。我问:"你们是否怀疑我们应该认识真理?""不可能怀疑它。"特里盖提乌斯如此回应道,从其他人的表情可以看出他们也认同这一看法。我说:"人人都追求幸福。你们认为,掌握真理对于幸福是不是必要的?"阿利比乌斯[①]说道:"关于这个问题的讨论,我认为,我比较适合做你们辩论的裁判员。你们之前讨论的时候我恰好在米兰,现在我不想承担这一讨论的重任。相比于参与讨论和辩护,我觉得我更适合做裁判。所以,从现在起,你们不会听到我个人的观点。"

当所有人都同意了阿利比乌斯的请求后,我重复了我的问题。特里盖提乌斯说:"人人都愿意幸福。如果人可以在没有找到真理的情

---

① 奥古斯丁的挚友。

况下就能实现幸福，那么我们就不需要寻求真理了。"

人的最佳部分就是统领精神的那一部分

"这是什么意思呢？"我问，"你认为人可以在没有找到真理的情况下就能实现幸福吗？"

利凯提乌斯说道："我认为人可以在寻求真理的过程中实现幸福。"

我点了点头，征求其他人的意见。拿威基乌斯说："利凯提乌斯的观点让我印象深刻。可能寻找真理就意味着幸福生活吧。"

"请你定义，"特里盖提乌斯说道，"什么是幸福生活，根据你的定义我才能进一步回应。"

我说道："如果幸福生活不是凭借个人的最佳部分获得的，它会是什么呢？"

"我不想进行漫无边际的讨论，"他回应道，"我觉得你首先应该定义你所说的最佳部分是什么。"

我回答道："谁会怀疑人的最佳部分就是统领精神的那一部分呢？其他部分都服从于它，它就是理智，你可以称它为精神或是理性。如果你不能理解，你应该问问你自己如何定义什么是幸福，或人最佳的部分是什么。"

"我同意你的说法。"他回复道。

"那么它是什么呢？"我说道，"让我们重回讨论。对你而言，幸福地生活是否就是寻求真理？哪怕人尚未找到真理，也可被看作是幸福的？"

特里盖提乌斯回复道："对此我恐怕不能同意。"

"你们的观点是什么？"我问其他人。

利凯提乌斯主动说道："对我而言就是如此。我们的前辈们，比如我们认为智慧和幸福的那些人，之所以生活好且幸福，是因为他们一直在追求真理。"

我说道："你们指派阿利比乌斯做裁判真是好极了，我已经开始羡慕他了。因为，你们中似乎有人承认幸福生活就是追求真理，有人认为幸福意味着必须找到真理。拿威基乌斯不久之前说他想改为你的立场，利凯提乌斯。我想看看，你们谁能为自己的观点做辩护。这个话题值得大家进一步讨论。"

哲学讨论无须权威

"如果这是重要的论题，"利凯提乌斯说道，"则需要重要的人参与。"

并非所有都是重要的

"不用费力寻找所谓重要的人物，"我说道，"我们在这乡下很难能找到所谓重要的人。现在请解释你刚刚表达的观点。如果无足轻重的人探究最重要的话题，无足轻重的人就也变得重要了。"

"在我看来，你在试图让我们争论，"利凯提乌斯说道，"我知道，你想要听到一些理由，我想问'为什么始终在追求真理的人是不幸福的'？"

"因为，"特里盖提乌斯说道，"我们认为幸福的人是智者，他们在所有的事情上的表现都是完美的，但仍然处于寻找状态中的人尚未完满。所以，我不认为他们是幸福的。"

利凯提乌斯问道:"哲学上的前辈难道对你不重要吗?"

"并非所有都是重要的。"特里盖提乌斯答道。

"哪些人对你重要呢?"

"显然,只有那些智慧上的权威。"

利凯提乌斯说道:"难道你不认为卡尔内阿德斯拥有智慧吗?"

"我可不是希腊人!"特里盖提乌斯说道,"我不知道卡尔内阿德斯是谁。"

"好吧,那你如何看待我们的西塞罗?"利凯提乌斯问道。

特里盖提乌斯沉默后说道:"西塞罗是智者。"

"难道他的观点对你没有价值吗?"

"当然有价值。"

"那么听着,我认为你自相矛盾了。西塞罗认为,寻求真理的人是幸福的,哪怕他们没有找到真理也是幸福的。"

"西塞罗在哪里这么说的?"特里盖提乌斯问道。

"难道不是每个人都知道的吗?"利凯提乌斯反问道,"西塞罗不是曾声称人不能感知任何事物,智者能做的就是小心寻求真理吗?如果智者赞成了不确定的事物,即便他们有可能是对的,但这也并不能保证他们永不犯错。此乃智者最大的错误。那么,如果我们相信智者是必然幸福的,完满的智慧就是一直在寻找幸福。所以,为什么我们要对幸福在于通过不断寻求真理这一观点表示怀疑呢?"

> 讨论并非执着于胜负输赢,而在于发现正义和真理

特里盖提乌斯问道:"是否可以允许我们回到我们最初讨论的问题上?"

我澄清道:"那些在讨论上爱耍小聪明,而不是真正追求真理的人是不会允许这样的请求的。但是我不仅同意这个请求(尤其是因为你需要被进一步地教导),我也希望你能认真地思考那些之前不小心承认的一切观点,并进一步讨论它。"

"哲学上的讨论是有进步的。"利凯提乌斯说道,"如果讨论并非执着于胜负输赢,而在于发现正义和真理,那么我会遵循你的规则和看

法。我允许特里盖提乌斯重新思考他之前不小心承认的观点。"

阿利比乌斯打断了对话并说道:"你们知道我现在不能继续担任裁判的任务了。由于我的行程安排,我不得不提前离开,我之后的那位裁判需要接管我的任务。你们的讨论已经持续了很久!"

阿利比乌斯走后,利凯提乌斯问道:"你认为你没有仔细思考的观点是什么?告诉我们吧!"

特里盖提乌斯说:"我不应该承认西塞罗是一位智者。"

"难道西塞罗不就是一位智者吗?那位开启并完善了拉丁哲学的西塞罗难道不是智者吗?"

"即便我承认西塞罗是一位智者,"特里盖提乌斯说道,"但我也不认可他所有的观点。"

"好吧,那你也可以反对他其他的很多观点,而不仅仅认为在这一点上他是错的。"

"如果我说这是他唯一判断错误的观点呢?我只是想以此来捍卫我之前表达的立场。"

"请继续。"利凯提乌斯说道,"我岂敢和反对西塞罗的人辩论。"

寻求真理意味着幸福吗?

> 幸福生活就是根据人灵魂中最好的部分生活

特里盖提乌斯说道:"我请求你(奥古斯丁)担任我们辩论的裁判,以便判断我们上面所讨论过的幸福生活是否正确。你说过幸福生活就是根据人灵魂中最好的部分生活,并管理好灵魂的其他部分。利凯提乌斯,我想你现在认可我了——我摆脱了权威的束缚。哲学的自由超越了一切,它会保证我们的讨论。我希望你承认正在追求真理的人并非完满的。"

沉默片刻后,利凯提乌斯回应道:"我不同意。"

"请解释下为什么!"特里盖提乌斯说道,"我想要听听,尚在追求真理的人在何种意义上是幸福的!"

利凯提乌斯回答说:"我承认那些没有实现目标的人是不完满的。我认为,神或者人类的灵魂一旦离开身体的囚牢,才能认识真理! 人的目标就是追求真理，我们一直寻找完满的人。"

"人不可能是幸福的，"特里盖提乌斯回道，"如果他不能获得他自己所欲求的，他怎么可能是幸福的？但是如果他能根据他的精神来生活，他便能拥有幸福生活。所以，他能够找到真理。否则，他不会欲求真理，他可以借此避免因为没有获得真理而无法幸福的这种必然。"

"这就是人类的幸福。"利凯提乌斯反驳道，"追求完满的真理！这就是我们的目的。所以，那些没有按照他们应该的方式寻求真理的人未能实现他们的目标。寻求真理的人就是幸福的——即便他无法找到幸福，他也可以遵从自己的本性来做他所能做的。如果他未能找到真理，是因为自然未能赋予他足够的能力。人要么幸福，要么不幸福。认为那些夜以继日追求幸福的人是不幸的，难道不是很疯狂吗？那些人是幸福的。

"此外，"利凯提乌斯继续说道，"幸福生活的定义也支撑着我的观点。如果某人是幸福的，也就是说他在根据他心灵中最佳的部分生活（根据理性生活）。追求幸福的人难道不需要借助理性吗?如果真是如此,为什么我们还要否认那些在寻求真理的人是幸福的?"

寻求真理未果并不意味着是错误的

"在我看来,"特里盖提乌斯回复道,"生活中产生错误的原因就在于没有按照理性生活,因此这样的人是不幸福的。他们始终在追寻,却因没有获得真理之故而处于错误之中。所以,你需要解释清楚两件事情:犯错的人是幸福的;寻求真理未果并不意味着是错误的。"

"幸福的人不可能活在错误之中。"沉默片刻后利凯提乌斯继续说,"当某人还在寻找真理时,不能由此推导出他就是生活在错误之中,因为寻找真理并不意味着犯错。"

特里盖提乌斯反驳道:"即便说他在寻找真理的时候没有犯错,但是一旦他没有找到真理的话,他就是在错误之中。你认为他不想在错误之中——就好像无人会违背自己的意愿而生活在错误之中,抑或除非无意,所有人都在错误之中!"

利凯提乌斯迟疑了一下,思考如何回应的时候,我插嘴说道:"首先,你们需要给出错误的定义。"

"我不想定义它,"利凯提乌斯说,"即便定义'错误'比限定'错误'更容易。"

"那么,让我来定义它!"特里盖提乌斯说道,"对我来说定义它更简单。犯错就是意味着一直在寻找、没有答案。"

"在我看来,"利凯提乌斯说,"如果我可以反驳你所提出的定义,我之前尝试辩护的努力就不会失败了。要么因为这个问题本身的难度,要么在于我个人对这个主题缺乏足够的了解。所以我乞求你将这个问题的讨论推迟到明天,如果我今天不能够很好地回应你们的问题。"

我认为我们应该答应他的请求,于是我们起身去散步。当我们谈论身边的一些琐事的时候,利凯提乌斯仍然在苦苦思考。当他意识到他所想的是徒劳后,他还是休息了,并与我们闲聊。当夜幕降临时,他们回去重新开始讨论,我担任了主持并建议他们推迟到明天。最后,我们去了澡堂。

对错误的界定

第二天,当我们都坐下了,我说道:"请你们继续昨天的话题,开始讨论吧。"

利凯提乌斯说:"昨天在我的要求下,我们推迟了讨论。这主要是因为定义'错误'比较困难。"

我说道:"在这一点上你没有错。我希望这给接下来的讨论开了个好头。"

"那么听着,"利凯提乌斯说道,"至于我昨天所说的,我认为错误就是将错的看作是对的。根据这个定义,那些一直在寻求真理的人并非犯错。不做判断的人不可能做出一个假的判断,所以他们不可能是犯错。故而,他们也可以被看作是幸福的。

"对此我们能够给出例证。如果我们的今日生活如昨日一样,我看不出有什么理由可以

> 人不可能自出生起就寻求真理

认为我们不是幸福的。我们享有精神上的平静、心灵不受身体的影响，即便没有摆脱欲望时，我们仍要承受痛苦，我们需要培养理性——也就是，根据精神中最神圣的部分生活，这也是我们昨天所承认的幸福生活的定义。就目前来看，我们还未寻找到任何真理。相反，我们仍然在追求真理。即便我们没有找到真理，但是我们还是可以实现幸福生活。

"你对于错误的定义多么不符合我们的常识！你说过，错误意味着总是在寻求真理。如果一个没有寻求到任何真理的人被问到现在是不是白天，他若是回答现在是黑夜，你如何看待呢？难道你不会认为他犯错了吗？你的定义似乎没有包含这种错误的情况。

"你提出的定义不也涵盖了那些没有犯错的人吗？这个定义不就是错误的吗？比如说，如果某个人正在找寻亚历山大城并前往之，你不能认为他是错的。如果他走在一条困难重重的路上，在他抵达目的地前，他却去世了，一方面他没有永远地寻找目的地，另一方面他没有找到目的地，我们可以说他犯错了吗？"

"因为他并非永远都在寻找（所以他并非犯错）。"特里盖提乌斯回答道。

"你说得对，"利凯提乌斯说道，"你之前提出的定义无法适用于我们现在讨论的这个例子。我并非认为永远都在寻求真理的人就是幸福的。首先，人不可能永远存在。其次，人不可能自出生起就寻求真理。

"此外，你认为我们所说的'永远'指的是他一直处在寻求的过程中。我们应该讨论寻求亚历山大城的例子。假设有人启程上路了，当他的年纪和所得允许他这么做时，正如我之前所刻画的，在他到达目的地之前，他就去世了，尽管他从未离开那条路。如果你认为他犯错了，你将自相矛盾。但是他既没有停止寻找，也没有找到他想要的。

"如果我是对的，那么一直在寻求真理的人尽管没有找到真理，但是他们并非生活在错误之中。正因为他在根据理性生活，他是幸福的——相反你的定义是无用的。即便你的定义有用，我也不会进一步来讨论它。我的立场被我的定义所支撑着——我问你，为什么我们之间的问题还没有得到解决呢？"

对智慧的界定

智慧是通向真理的正确方式

特里盖提乌斯说道:"难道你不认为智慧是正确的生活方式吗?"

"是的,"利凯提乌斯说道,"这是毫无疑问的。但我仍然希望你给我定义下什么是'智慧',以便让我知道你和我的定义是不是一样的。"

"难道我之前所说的定义对你来说是不够的吗?你承认了我刚刚说的。如果我没有错的话,'智慧'就是正确的生活方式。"

利凯提乌斯说道:"没有什么比这个定义更为可笑了。"

"可能吧。"特里盖提乌斯回应道,"但是在你认真考虑之前请不要笑!没有什么比无理由的笑更可笑了。"

"好吧,"利凯提乌斯说道,"难道你不认为生的对立面是死吗?"

"是的。"

"那么'生活方式'在我看来不过就是避免死亡。"

特里盖提乌斯同意了。

"所以,如果旅行者因避开有强盗出没的小路而避免被杀,这难道不是一种正确的生活方式吗?但无人会称其为'智慧'!每一种生活方式都是'智慧'的吗?"

"我认为这个旅行者的智慧就是一种正确的生活方式,但是并非每一种生活方式都是智慧的。"

"好吧,好的定义不能够涉及不相关的事物。如果你乐意的话,请你再给我一个定义,你认为智慧是什么?"

特里盖提乌斯沉默了一会儿,说道:"看啊,你似乎有点没完没了。我将重新定义为:智慧是通向真理的正确方式。"

"这个定义也会被驳倒,"利凯提乌斯说道,"埃涅阿斯的母亲告诉他:'出发并沿着这条指引你的路走。'当埃涅阿斯顺着那一条路前进时,他到达了他之前被告知的地方。也就是说,他抵达了真理。如果可能的话,他所走过的路也能被认为是'真理'!"

"但是,"利凯提乌斯继续说道,"我一直反对你的定义似乎很愚蠢,因为反对你并不能佐证我的立场。你认为智慧并非真理本身,而是通往真理的道路。那么,所有在路上的人都在使用这一智慧;所以即便没有抵达真理,只要仍然在追求真理也会是智慧的。在我看来,我们最好把通往真理的道路理解为对真理的爱。那么,凡是在追寻真理的途中的人都可被视作是智慧的。没有智者是不幸的。人要么不幸,要么幸福。所以,不仅仅是获得真理的人是幸福的,在寻求真理途中的人也都是幸福的。"

特里盖提乌斯挖苦地说道:"如果我同意了对手的观点,这就是我应得的——尽管我是一个好的定义者,在论辩中我需要考虑得更多。如果我让你来定义,并要求你死抠定义中的每一个字眼,这得到什么时候才是头呢?难道我们的大脑中没有比'智慧'更好的用词了吗?但是——我不知道——我们还是不要再纠结'智慧'的定义了,或者请裁判让我们继续往下讨论。"

智慧是关于人与神的知识

我将这个讨论推迟到了第二天,因为夜幕已经降临,我的抄写工作也不易进行。我注意到,接下来会有更为激烈的讨论,处理更大的议题。自天亮起我们就一直在讨论了,也没有理会其他的工作。另外,我们还在复习维吉尔的《埃涅阿斯纪》第一卷的内容。

当白天来临,万事俱备时,我说道:"特里盖提乌斯啊,昨天你要求我扮演裁判的角色并且为智慧进行辩护时,我在你们的对话中感受到和看到了智慧的对手!抑或说,无论谁是智慧的辩护者,都不得不寻求更多的支持!你们需要深入讨论的话题是究竟什么是智慧。你们都没有反对智慧,并且追求智慧。特里盖提乌斯,如果你认为你对'智慧'的定义是失败的,你就不应该放弃你之后的辩护。我只会对'智慧'加以定义。这不是我个人给出的定义,它并非全新的,我们的前辈早就给出了定义。你竟然不记得这一定义。你不是第一次听说这一定义了:智慧是关于人与神的知识。"

我想在我提出这一定义后利凯提乌斯需要时间进行进一步的思考。但是,他突然问道:"现在我问你，根据你的定义，难道我们也要认为那些沉迷女色的人是'智慧'的吗？我所说的正是阿尔比凯里乌斯。他在迦太基生活了多年，他每次都能正确应对那些向他求助的人。我能够给你举很多这样的例子。但是我所谈论的，你们已经很熟悉了。"

利凯提乌斯继续说道："如果一个勺子丢失在房间里的某个角落，我向阿尔比凯里乌斯求助，他不仅会告诉我什么东西丢了，而且还会告诉我它的拥有者及它藏在了什么地方，不是吗？

"有一次我也在场。我们去看望阿尔比凯里乌斯时，那位保管我们钱币的男孩偷了其中的一些。当他看到钱币或是听我们说钱币的多少之前他就要求那个孩子说出所有的钱币数，并且当着我们的面要求他退还他所偷的钱币。他的回答完全正确！

"还有一个你曾经给我们提到的例子，那个人使得弗拉奇阿努斯——一个有学养的人——常常赞叹。弗拉奇阿努斯曾经谈论购买一个农场的事情，他把这件事情告诉了那位预言家，并让他说出他自己曾做过什么。阿尔比凯里乌斯不仅描绘了这笔交易的情况,而且还说出了这个农场的名字。弗拉奇阿努斯对此极为震撼,因为他自己也没有记住这个农场的名字。

"接下来的这个例子更让我感到震撼。我们的朋友、你的一位学生问阿尔比凯里乌斯是如何看待他自己的。阿尔比凯里乌斯说他在回想维吉尔的一句诗句。他目瞪口呆而且不能否定。他继续问是哪一句。阿尔比凯里乌斯几乎没有上过文法学校,但流利且自信地说出了出处。

"难道他们所咨询的不是人事吗?他给出那些如此可信且是真的答案的时候,难道没有对于神事的知识吗?

"每一个假定都是可笑的。'人事'就是与人有关的,比如:银子、钱币、农村,甚至是思想。难道人不会因为正确地思考了'神圣'的事物,也变得神圣了吗?

"所以阿尔比凯里乌斯是智慧的,如果我们根据智慧就是关于人事与神事的这一定义,就会得到这一结论。"

**知识不会犯错　　
它取决于掌握　　
者会不会犯错**

　　我回答说:"首先，我不认为知识会犯错。知识不仅仅是存在于被理解的事物之中。相反，知识取决于掌握者会不会犯错。所以，有的哲学家认为知识仅仅为智者掌握：智者所掌握的知识不仅仅在于其内容，也在于其内容的持久性。我们知道你提到的阿尔比凯里乌斯也常常会犯错。我并非因为其他人的描述而得出这一结论，而是根据我自己的观察。如果他犯错了，我应该说他是有知识的吗？如果他对于真理有迟疑，我都不会认为他有知识！

　　"你可能将我所说的当作是占卜家、星象学家或是占梦者，或者某种诸如此类的人物。这类人总是能正确地回应他人，从未给出错误的答案。

　　"我不认为我需要把时间花在此类人的身上。

　　"接下来，我想说的是，尽管我所说的'人事'与人有关，但是你不认为我们所拥有的一切事物都是取决于命运的安排吗？当我们谈论人事的时候，我们所关心的是我们所拥有的财产、金银财宝，抑或是我们所想的别人在诗作里记下来的？

关于人事的知识是明智、节制、勇气和正义。我们可以自信地说这些德性在我们的掌控之内,不受命运的辖制。相信我:如果那位阿尔比凯里乌斯学习了这些德性,他不会那么不幸和放纵!

"此外,我并不认为阿尔比凯里乌斯告诉了给那位请教他的人所引用的维吉尔的诗句,就可以被视为人的智慧。我不否认灵魂会以某种方式获得这些知识,但我们都知道那些一心追逐物质生活的人也能够背诵和引用别人的诗句。当这些词句出现在记忆中时,它们也会为一些邪恶的'精灵'所感应。我不知道其是以怎样的方式发生的,因为它远远地超出了我们的感官。我承认,那些魔鬼在某些感官能力上面超过了我们,但我不认为它们在理性上超过了我们。蜜蜂凭借某种过人的敏锐度,朝着有蜂蜜的地方飞去,但我们不会因此说它是高于我们,或是与我们同等的存在物。

"所以,我将进一步思考你刚刚所举的阿尔比凯里乌斯的那个例子。你说当有好学之人请教他时,他可以作诗。你刚刚提到的弗拉奇阿努斯也说过,他嘲笑并谴责那所谓的占卜术,他认为只有一些可鄙的魔鬼才可以做到这些。阿尔比凯里乌斯则经常说他受到了这一'灵性'的感应和刺激。弗拉奇阿努斯也曾好奇地问他是否可以教授文法、音乐或是几何学，可是，难道不是所有的人都知道阿尔比凯里乌斯对这些一无所知吗？因此，弗拉奇阿努斯强烈建议那些学习了这些自由技艺的人推崇他们自己，而不是推崇占卜之术，并且用这些自由技艺武装自己的大脑。他们以此逃离了这些不可见的魔鬼本性。

"我们所有人都同意神的事情高于人的事情。但是阿尔比凯里乌斯，这位不能认识自己的人，是如何了解那些神事的呢？可能他认为我们所观察的星象比那位真的不可见的神更伟大，但是真正的理智应追求的这位神（尽管很少有人实现），凭借感觉是无法被感知到的。然而那些星象为我们的视力所见，所以它们不是智慧所知的神事。此外，这位神棍发现的其他事情要么是为了炫耀自己，要么是为了追逐利益，而不是为了解释星象。

"所以，阿尔比凯里乌斯并没有拥有有关人

事和神事的知识，所以你对我们定义的攻击是无效的。

智者在神圣的事物中寻找真理

"最后，因为我们需要考虑那位远非人事和神事的人，我问你：智者如何寻找真理？"

"在神圣的事物之中。"利凯提乌斯说道，"德性是神圣的，人所享有的德性也是神圣的。"

"阿尔比凯里乌斯知道你的智者所寻求的东西吗？"

"他知道神事，"利凯提乌斯说道，"但是那些事情并非智者们所寻求的。人们不会认为懂占卜的阿尔比凯里乌斯不懂神事吗？这两个词拥有同样的词根。如果我没有理解错误的话，你们的定义涉及了与智慧无关的内容。"

特里盖提乌斯说道："提出那个定义的人需要为这个定义辩护。请回答我，以便我们能够来继续讨论这一议题！"

"我准备好了！"

"你认为阿尔比凯里乌斯真的知道真理吗？"

"当然。"

"那么他就胜过了你所说的那些智者！"

"对此我不能表示认同,"利凯提乌斯说道,"并不仅仅因为占卜者没有达到智者所追求的真理。智者若还活着,他们自己也没有找到真理。但是这一真理是值得追求的,它胜过了其他的事物。"

特里盖提乌斯说:"我们必须澄清'智慧'这一概念,以便回应上述难题。如果这一定义因为涉及那些我们不能认为是智者的人,而在你看来是失败的定义,我问你,你是否同意智慧是关于人事与神事的知识,这些知识与幸福生活有关?"

"是的,"利凯提乌斯回答说,"这当然是智慧,但其并非唯一的智慧。你之前给出的定义涵盖了不相关的内容,后面给出的定义则过于狭窄。所以,前一个定义贪心,后一个定义愚蠢。在我看来,智慧不仅仅关乎知识,而且也有人对人事与神事知识的追求。如果我们将这一定义区分开来,前一部分属于神,后一部分与人有关,因为人总是在追寻知识。那么,在前一个状态中神是幸福的,而人在后一种状态中也是幸福的。"

特里盖提乌斯说:"你所定义的智者所做出的努力就是徒劳无用的。"

努力不会是徒劳无用的

"他们的努力怎么会是无用的呢?"利凯提乌斯回道,"因为他获得了大的回报。在寻找智慧的意义上,他就是智慧的。他因智慧而是幸福的,他免受身体的影响,不再为自己的欲望所撕裂,他永远处于平静之中。他转向了自己和上帝,使用自己的理性,我们同意他就是幸福的。在他生命的最后,他已经预备好获得他所欲求的,并且安享人类的幸福,他值得安享神圣的幸福。"

总结

当特里盖提乌斯还在思索如何辩解的时候,我参与进讨论中。我说:"利凯提乌斯!如果我们允许特里盖提乌斯休息片刻、加以考虑,我不认为你的论证可以彻底击败他。

"首先,当我们谈论幸福生活,是否只有智者才是幸福的(愚人是不幸的)时,特里盖提乌斯认为智者必须是完满的,但是那些仍然在追求真理的人并非完满的,因此他们也不是幸福的。

"在这一点上,你可能会遇到权威的挑战。也许受到了西塞罗的名号影响,特里盖提乌斯迅速修正观点并且主张进行自由地讨论。他继续追问仍然在追求真理的人是不是完满的,说明了根据精神的法则生活的人是完满的。除非达至完满,他不可能是幸福的。

"你通过承认完美的人也在最真切地追求着

真理，使得自己的论述避免了诘难。同时，你也承认幸福就在于按照理性生活。特利凯提乌斯正好揪住了你这一点对你展开了攻击，他攻击的观点让你回到了原地，若不是因为中场休息，你在这个议题上几乎败北！除了对'错误'的定义，你所认同的学园派的观点的立足点在哪里呢？若你未能在晚间或梦里有新的构想，你将难以回应特里盖提乌斯，即便在解释西塞罗的观点时，你已经解释了对理智的定义。[①]

以心灵的平静来追求真理就会导向幸福生活

"接下来，我们讨论了'智慧'的定义。通过阿尔比凯里乌斯的例子，你试图摧毁我的定义。特里盖提乌斯强硬地反驳了你的诡计！最后你使用了自己的智慧定义：以心灵的平静来追求真理就会导向幸福生活。"

利凯提乌斯对此无法回应，于是便要求第二天继续讨论。

"现在让我们终止这一讨论吧。我认为继续

---

① 学园派对错误的看法在于把对的认为是错的，为避免错误，他们认为应当悬置判断；理智（mens）在灵魂中占据统领地位。

争论下去是没有必要的，因为这一话题已经得到了充分的讨论。如果我不是为了训练你们并激发你们的想法和热情，对这一话题的讨论本来很早就该结束了，但我对你们的想法有极大的兴趣。当我鼓励你们寻求真理的时候，我问过你们对于真理的重视程度是怎样的。你们对此如此痴迷，但现在我不想继续讨论了。因为我们都想要幸福，我们应该仔细地探究，我们是否通过找到真理而幸福了，或是通过寻找真理就能够幸福。

"现在让我们结束讨论，并把这些记录献给你的父亲，利凯提乌斯。我已经尽力劝说他学习哲学并希望命运眷顾他，使他走上哲学的道路。当他知道你所分享的与我的生活方式后，他也会沉迷于此。假如你更青睐学园派，请找到更好的方式来捍卫他们！我决心要攻击他们的观点了。"

当我说完这些的时候，我们的午饭已经准备好了，我们大家都起身去就餐了。

II

哲学与幸福

《论幸福生活》采取对话录的形式对幸福进行了探讨。幸福在于拥有上帝,而拥有上帝在于灵魂的洁净,无所匮乏。无所匮乏并非指对外在事物的享有,如金钱、名望等。人应该追求内心世界的富足、精神上的智慧。

哲学的港湾

伟大的狄奥多尔！请你航向哲学的港湾！如果从事哲学学习，人们就可抵达幸福的应许之地。这是由理性和纯洁的意志所决定的！我不知道我该不该向你坦白，其实只有少数的人可以抵达——正如我们所看到的——目的地。上帝或自然、必然性或我们的意志，它们中的几个或一起（这些事物虽然难以捉摸，但希望你能解答）把我们抛入这世界，我们的一生就好像陷入风暴之中——偶然的或随机的——只有少数人才知道他们应当停留的地方，知道他们应该走向何方。一场风暴——对愚人而言看似是一场不幸——不顾我们的意愿和反抗，把我们从不熟悉的错误航线吹向了幸福之地。

从事哲学的人有三种不同的航行方式。理性很强的老者划着桨从海岸线出发，很轻易地就抵达了海港。他们隐匿于安静之地，将自己的工作视作为灯塔——警示其他的人前往这一地方。另一类人与此相反,他们航向了茫茫大海,被平静的海平面所感,他们甚至敢于在远离家乡的地方逗留,忘记了他们本应所在的家园。当这些人——以某种我无法确知的方式——逆风而行的时候,他们到达了某种最为穷困的境地,但是热情满满、兴致勃勃。事实上,他们所能追求的只剩下不幸了。如果这还不够,哪怕他们抱怨与哀号,激烈的逆风也会将他们带回确定的和真正的喜乐。这类人没有离开航道太远,在困境之后还能够返回到正确的航线,他们会因为感伤的悲剧或是某种苦难而阅读智者的书籍。不知何时,他们在这海港里觉醒了,不再为大海的虚伪预兆所吸引。除上述两类人外,还有一类人。他们不再年轻,在走过很多弯路后,他们仍然记得来过的路标,在茫茫大海中回忆起他们宝贵的家园。于是他们毫不迟疑地返航。正如时常发生的那般,他们因对航线的不熟悉,或因没看清天象而常常犯错,陷入危险之中。命运的大浪时常会带来不幸,如同一场风暴摧毁了一切通往应许之地的努力。

在幸福的路上谨慎地航行

无论人们使用何种方式通往幸福王国，他们都会在港口前遇到一座大山。这座大山影响了航道，所有人都带着恐惧绕行，更需要谨慎地航行。这座大山散发着某种欺骗性的光，它似乎给新来者允诺了可以停留的地方，就好像这是福似的。除此之外，它还吸引着从港口出发的人，那些为这一大山的高度所吸引，而且轻视其他的人。他们却也时常告诫新来之人，不要为平静的海平面下的礁石所骗，也不要轻信自己可以攀上高山。理性希望那些接近哲学和从事哲学的人畏惧高山并提防那些自诩的学问。这些学问金玉其外、败絮其中，缺乏根基，会把人拉入深渊。

在我19岁的时候，我有幸阅读了西塞罗的著作《荷尔顿西乌斯》。自此以后，我对哲学充满了狂热并走上哲学之路。我曾经在迷雾中迷失自己，偏离航向——走在了错误的方向：仰望那些"沉入海里的星辰"[①]。由于我相信了幼稚的迷信而耽误了真正的研究，我鼓足勇气克

---

① 维吉尔《埃涅阿斯纪》3.515.

服这一黑暗，学着相信教导人的人而并非强迫人服从的人。我曾经遇到过一些人，他们认为可见的光是最高的神性，值得被人尊敬。对此我虽不能认可，但是我以为，在他们的面具之下隐藏着他们更想要启示的事物。之后，我终究还是放弃了他们的观点，尤其是后来我在跨过海面时，学园派为我在波涛之中护航，抵挡了不同的风。

现在我到达了这片土地，我能够认识北斗星了。我经常听我们神父的讲道，有时候我听你的讲道。当你们谈论上帝的时候，你们认为上帝不是物质性的，灵魂也不是物质性的，灵魂最为接近上帝。

我承认，我并非立马就投向了哲学的怀抱，因为我仍然沉迷于女色和荣誉，且在获得这些东西之后，我才最终扬帆起航，朝向我的安定之所，但仅仅有极其幸福之人才能够到达。我阅读了几本柏拉图（主义）的著作，其中一本也是你所喜欢的，我也将这些书与那些告知我神圣奥秘的传统的权威进行了对比。我被激发起了极大的热情，若不是几位友人的提醒，我可能会错失所有的停靠地点,剩下来的依然就是从暴风雨的困境中寻求帮助。当时胸口的疼痛使得我不能继续忍受我的工作给我带来的负担后,我放弃了一些负担,乘上我破旧不堪的船,驶向我所期待的安定之所。

你看到了,哲学是我目前所停靠的港湾。尽管它看似非常开阔,不那么危险,但是我仍然有可能走向歧途。因为我不知道,我的福地在哪里,我应该前往何处,真正的幸福在哪里,灵魂究竟是什么。

于是我向你请求,以你的德性、你的善好以及我们之间亲密的纽带,请求你伸出你的右手帮助我。

灵魂与身体

"你们是否承认人由身体和灵魂构成?"

在场的人都表示同意,唯独纳威基乌斯说他不知道。

"难道你什么都不知道吗?"我问他,"还是说,你只是对此不知道?"

他说:"我不认为我什么都不知道。"

"你可以举出一个你所知道的事情吗?"

"当然。"

"如果不难的话,"我继续说道,"请告诉我们。"

当他犹豫不决的时候,我问他:"你是否确定你现在活着?你知道你有身体吗?"

他承认了。

"现在你已经知道了你具有身体和生命。"

"我不确定的是,人是否仅仅有这两样东西。"

"也就是说你不怀疑你拥有身体和灵魂，但是你不确定的是，人除了拥有身体和灵魂，是否还有别的什么。"

"是的。"他说。

我回复他说："这个问题我们可以以后探讨。"

既然我们现在承认了人既不能没有身体也不能没有灵魂，我想继续追问："人饮食是为了什么呢？"

"为了保住身体。"利凯提乌斯回答道。

其他的人都沉默了。他们想着，为什么身体需要营养。人人都想自我保存，而生命属于灵魂。

灵魂以对万物的认知和理智为养料

我问道："难道你们不认同，人正常饮食才能长大并保持强壮吗？"除了特里盖提乌斯，其他人都同意了。

他反驳道："我为什么就不能暴饮暴食呢，难道这样我的身体就不会长大了吗？"

我回答说："就本性来说，所有的身体都是有度的，过犹不及。饮食需要适度。牲口尚且如此，如果它们的饮食不够，就低于一定的尺度了。没有足够的营养，它们的身体就会变得消瘦。"

"消瘦！"利凯提乌斯强调道，"这岂不意味着身体变小了？"

我说道："讨论到此已经足够了。"

"我的问题在于，饮食是否为了保住身体？确实如此。因为食物的缺乏会导致身体的贫瘠。"

"那灵魂呢？"我问道，"灵魂是否有特殊的营养？或者说，你们认为知识是灵魂的养料吗？"

"我确定是的。"母亲说，"灵魂以对万物的认知和理智为养料。"

正当特里盖提乌斯对此表示怀疑时，母亲说道："难道你今天的所为不就表明了，灵魂以何物为养料吗？早餐快要结束的时候，你才发现我们用的是什么碗。因为在那之前，你的脑子在想着别的事情，但是这并没有妨碍你同时在盘子里取菜并吃了它。当你没有注意自己在吃什么的时候，你的精神在何处呢？所以，请相信我，精神以思考和思想为营养，精神能够把握理解某物。"

大家的质疑声越来越大时,我说道:"难道你们不会同意,有学识的人的精神比那些无知人的精神更加富足吗?"

他们说这是显然的。

"我们可以说,那些没有接受过学科训练的,也没有掌握美妙技艺的人的精神处于饥饿的状态。"

特里盖提乌斯说:"在我看来,他们的精神充满了错误和无意义。"

我回应说:"请相信我,确实存在着精神的贫瘠和饥饿。正如身体没有营养就会患病,精神若没有了知识也会患病,感到不满足。这就是所谓的'无意义',它乃错误之母。前人将其命名为'nec quicquam'(什么都没有),这就是'无'。与'无意义'对立的德性就是'节制、正直'(frugalitas)。这个词源自 frux(果实),被称为 fructus,表述的是精神的某种富足状态。'无'指那些不断失去、流逝的事物,不断失去的人是'孤独的'。德性可以持久,它最大的部分是节制和自制。如果你们难以理解上述解释,你们肯定会理解：当无知者的灵魂被充满时，灵魂和身体一样有两种不同的事物：一种是健康有利的；另一种是有害不利的。"

人人追求幸福

我开头就说过:"人人追求幸福。"

他们都同意我所说的。

"你们认为,"我问道,"那些求而不得的人是幸福的吗?"

他们表示否认。

"那如果拥有了所欲求的人是幸福的吗?"

> 追求不当之事
> 是最不幸的

母亲回答道:"当他追求好的事物的时候,他就是幸福的;若他追求坏的事物的时候,他就是不幸的。"

我笑着对她说:"母亲啊,你已经攻占了哲学的堡垒。你若使用哲学专业词汇,就能和西塞罗一样了。"

西塞罗在《荷尔顿西乌斯》中对哲学进行了颂扬和辩护,他写下:"请注意,并非哲学家,而是那些急于争辩的人说按自己的意愿而生活的人都是幸福的。这显然是错误的；因为追求不正当的东西是最大的不幸。与追求不当的事物相比，没有得到追求的事物并没有那么的不幸。因为意志的堕落给任何人带来的恶比财富所带来的益处更多。"[1]

母亲对这段引文欢呼雀跃，我们甚至忘记了我们和她之间的性别差异，似乎觉得有一位男子坐在我们的中间。我意识到，从神性的渊薮里流溢出的理性刺激了她。"但是你必须告诉我们，"利凯提乌斯要求道，"为了幸福，我们应该追求什么，我们应该意欲什么。"

"如果你足够友好的话，也请你邀请我参加你的生日会。鉴于今天你在我这里做客，你款待的一切，我都会尽情享受。但请你不要要求我没有准备好的。"

他对自己的过分要求感到抱歉，我就继续说道："我们确信求而不得的人肯定是不幸的，但有的人即使得到了他所求的也是不幸的。"

他们表示赞同。

---

[1] 西塞罗:《荷尔顿西乌斯》, 残篇, 39。

幸福在于自制

我问道:"你们是否认为没有得到幸福的人就是不幸的?"对此无人怀疑。

我进而说道:"求而不得的人是不幸的。"所有人都同意。

> 有洁净灵魂的人拥有上帝

"人需要怎么做才能获得幸福呢?或许我们共进晚餐的时候,可以通过讨论得到答案,以便满足利凯提乌斯求知的胃口。他认为当人们获得他所想要的东西时,就是幸福的。"他们认为这是显然的。

"但它必须是永恒的,不受命运或某些偶然的控制。因为我们无法真正拥有那些终究失去的事物。"

特里盖乌斯对此反驳道:"但是有很多的富人,即便受制于偶然,他们也拥有他们所追求的大量的财富。"

"你认为每天担惊受怕的人是幸福的吗?"

"不。"

"如果某人知道他会失去他心爱的事物,难道他不会感到害怕吗?"

"不可能不害怕。"

"但这些事物终究逝去,热爱并拥有这类事物的人是不可能幸福的。"

对此他不再反驳。

母亲继续说道:"如果他能确信他没有什么可失去的,他是不可能满足的。不幸之人恰恰在于他的欲壑难填。"

我回应她说:"如果一个人对他的欲望有所节制,以正确的方式来享用这些事物。您认为,他是不是幸福的?"

"他是幸福的,并非因为这些事物,而是因为他的自制。"

"说得太好了。"我说道,"不会有比这更好的答案了。现在我们确定了,一个人若想要幸福,他必须努力拥有命运之手无法夺走的事物。"

特里盖提乌斯说道:"我们认同这一点。"

"你们认为上帝是不是永恒的,不受时间的

限制？"

利凯提乌斯说道："毫无疑问。"

所有的人都同意。我说："拥有上帝就是幸福。"

他们的认同促使我继续说下去："我们现在所需要探究的问题就在于，谁拥有了上帝？哪些才是真正幸福的？现在我想听听你们的意见。"

利凯提乌斯说："正确生活是拥有上帝的意志。"

特里盖提乌斯说："做上帝所想的就是拥有上帝。"

最年轻的小伙——拉斯提底阿努斯说："拥有洁净灵魂的人拥有上帝。"

母亲认为这三个观点都对，并觉得最后一个是最佳答案。拿威基乌斯沉默了，当我问他的意见时，他也认为最后一个是最佳答案。

幸福的三个意见

"尽管你们之前各自表达了关于幸福的意见，但事实上你们所表达的中心思想是一致的。如果我们考虑前两个定义，正确生活是拥有上帝的意志；做上帝所想的就是拥有上帝。生活得当就是取悦上帝，这其实没有什么区别。"

"但是我们需要进一步考虑第三个意见。'不洁的灵魂'可能有两种意思：要么灵魂受外部影响，感官受到干扰而陷入某种疯癫状态。驱邪术或按手礼能破除这一干扰；要么灵魂作恶、犯罪，被称为不净的灵魂。所以我问你，孩子，你认为幸福就是洁净的灵魂，那么有哪些人没有不洁的灵魂呢？也就是说，谁的灵魂既不受魔鬼的影响，又远离恶与罪呢？"

"在我看来，"他说，"生活洁净的人意味着没有不洁的灵魂。"

"但是，"我说道，"你认为谁才是洁净的？"

没有寻找到上帝的人，就没有拥有上帝

他说："那些朝向上帝并将自己献给上帝的人才是洁净的。"

我记下了他所说的话并说："这样的人就是正确生活的人。"

他与其他人一起表示同意。

"所以，上述三个观点没有差别。但是我想问，上帝是否希望人们都追寻他？"他们承认这一点。

"我们是否可以说，寻求上帝的人是生活邪恶的人吗？"

"不可能。"他们说。

"那么请回答我，不洁的灵魂能够寻找上帝吗？"

他们否定了这一可能。尽管拿威基乌斯迟疑了一会儿，他最终还是同意了这个观点。

"如果寻找上帝的人是在做上帝所希望的事，那么他同时就是正确生活且没有不洁的灵魂，但是寻找上帝的人还没有拥有上帝。所以，并非所有过着正确生活的人、做上帝所希望之事的人，或没有不洁灵魂的人都能拥有上帝。"

此时所有的人都笑了，他们轻信了之前的他

们听到的命题。

母亲思索良久，要求我重新解释其中的逻辑。当我解释后，她承认道："没有寻找到上帝的人，就没有拥有上帝。"

"很好。"我说道，"那些仍然在寻找上帝的人还没有获得上帝，但他们拥有正确生活。所以，并非每一个正确生活的人都拥有上帝。"

"在我看来，"她说道，"无人不拥有上帝，但是那些生活得好的人，上帝给予庇佑，而那些生活邪恶的人，上帝不给予庇佑。"

"看来昨天我们说的观点'拥有上帝的人是幸福的'是错误的。"我说，"每一个人都拥有上帝，但并非每一个人都幸福。"

"被上帝庇佑的人才是幸福的。"她说道。

学园派不幸福

"求而不得的人显然不是幸福的。我们在之前就已经说明这点了。无人会追求他们不想要的东西。学园派总在追寻真理,他们想要找到真理:也就是说,他们想要拥有真理,但是他们始终都没有得到真理。也就是说,他们没有拥有他们所欲求的东西,那么他们就是不幸福的。如果他们是不幸的,他们就不是智慧的。因此,学园派不是幸福的。"所有人都为我的这一席话而欢呼,他们好像吃到了美食似的。只有利凯提乌斯,这个仔细倾听并琢磨着的人没有立刻同意,并说道:"我想和你们共享那道美食,因为这一结论令我吃惊。但是我不想立马狼吞虎咽,我觉得阿利比乌斯也不会。他要么和我一样品尝,要么告诉我为什么不要动它。"

我问道:"我们已经承认幸福就是拥有仁慈的上帝,对吗?"

拿威基乌斯说道："我同意。"

拥有好的生活的人拥有上帝

"但是我担心，如果我们承认了这一点，你就必须承认那些仍然在寻找上帝的人是幸福的，昨天你认为那些患了'歇斯底里'症的学园派也会被认为是幸福的。上帝并非与那些正在寻求它的人作对，如果上帝不与人作对，那么上帝就是仁慈的，拥有仁慈的上帝的人是幸福的。那么，那些仍在寻求上帝的人也是幸福的，尽管每一个正在寻求上帝的人还没有获得他所想要的。所以，昨天我们讨论的学园派所面临的困境就解开了，利凯提乌斯就有理由来说服我们了。我不顾身体的健康轻易食用甜食，从而引起了痛苦，他就像一个医生给我提供了药方。"

母亲也笑着接受了这一点。特里盖提乌斯则认为："上帝仁慈的对立面就是敌对吗？我想，是否存在着某种中间状态。"

我问他："你是否认为人处于某种中间状态，既没有受到上帝的仁慈，又没有被上帝敌视，能以某种方式获得智慧吗？"他迟疑了。母亲说道："拥有上帝和不拥有上帝是两回事。"

"哪一个更好呢?"我问道,"是拥有上帝,还是不拥有上帝呢?"

母亲说道:"在我看来,拥有好的生活的人拥有上帝,拥有仁慈的上帝;那些生活败坏的人为上帝所敌对;那些仍在寻求上帝的人,既没有获得仁慈的上帝,也没有受到上帝的敌对。"

我问道:"你们赞同这一点吗?"他们认可。

"请回答我,"我继续说道,"难道你们不认为,上帝对他偏爱的人施与仁慈吗?"他们认同这一点。

"上帝不偏爱那些正在追求它的人吗?"他们认为上帝也偏爱那些人。

"那么,寻求上帝的人得到上帝的仁慈,他们是幸福的,所以寻求上帝的人就是幸福的。但是那些仍然在寻求上帝的人还没有得到他们所愿享的,也就是说那些求而不得的人也是幸福的。"

母亲坚持说道:"我认为那些没有获得所求事物的人是不幸的。"

"那么得到上帝仁慈的人也并非幸福的。"我说道。

母亲说:"如果推论是如此,我无法反驳。"

"我们现在总算达成了一致意见。"我总结道,"找到上帝的人就能拥有仁慈的上帝,他们因此也是幸福的。那些仍然在寻求上帝的人同样拥有仁慈的上帝,但他们并非幸福。相反,那些因为犯错与犯罪而远离上帝的人不仅不是幸福的,而且不能拥有仁慈的上帝。"

每一个人都对此表示认同,我继续说道:"我担心你们是否确定我们之前所说的,不幸的人就是没有获得幸福的人。那么我们可以推导出哪些人是不幸的……①

"西塞罗曾问道'拥有财富的人是幸福的?抑或富有德性的人是幸福的?'这都与此有关:匮乏的人是不幸的,是否每一个不幸的人都是匮乏的呢?不幸就是匮乏,我们早就表达过这一观点。但是今天继续探讨下去的话,可能会有点无聊。所以,为避免困乏,我们还是明天继续吧。"

---

① 根据奥古斯丁《回顾篇》1.2,此处有一个空白。

匮乏与不幸

尽力避免死亡与痛苦

特里盖提乌斯说:"匮乏的人是不幸的,那么没有匮乏是否就是幸福的?我记得我们之前都承认在幸福与不幸之间不存在中间状态。"

"在你看来,生与死之间难道有中间状态吗?也就是说,一个人难道不是生就是死吗?"我问道。

"我同意。"他说道,"不存在所谓的中间状态。但是为什么要提出这个问题呢?"

"因为,"我说,"我相信你也会承认这一点:入土一年的人已经死了。"

他没有否认这一点。

"是否没有入土一年的人就是活着的?"

"这并不能成立。"他回答道。

"那么,"我说,"尽管幸福与不幸之间就如同生与死之间那样,不存在中间状态,但是我们也不能从匮乏的人是不幸的,推导出不匮乏的人就是幸福的这一结论。"

我继续说道:"所以,无人会怀疑:处于匮乏状态的人就是不幸的,但是我们也不需要因身体的某些特定需求(智者也同样如此)而感到不安。灵魂——幸福的所在处——没有这些特定需求。灵魂本身是完满的,完满的灵魂没有匮乏。当需要的事物存在时,身体就使用它;当它们不存在的时候,灵魂也不会感到窘迫。

"智者是勇敢的,他们不担心事物会失去,不会惧怕身体的痛苦和死亡。为了摆脱、预防或延缓这些痛苦,智者学会了放弃。

"但是如果这些所需的事物存在,智者也能够很好地使用它们。这句谚语道出了真理:'愚蠢就是承受那些会失去的事物的痛苦'(《阉奴》4,6,23)。所以,如若可能,他会尽力避免死亡与痛苦。如果这两者真的发生了,他也不会不幸。但如果在尽可能的情况下,他没有防止死亡和痛苦的发生,他就是不幸的——因为这是愚蠢的行为。那些不能避免这两者发生的人并非因为承受它们而不幸,而是因为愚蠢而不幸。

"但无论他的行为多么小心且得当,他还是不能避免死亡与痛苦,不过这依然不会使他不幸。这句喜剧诗没有错:'既然你所期待的事情不可能发生,那请期待那些可能发生之事。'如果无物违背了自己的意愿,这样的人会不幸吗?因为他不会追求不可能之物。意志建立在确定的目标上,也就是说,他仅仅只是做了德性和神圣的智慧律法所要求的事情,因为这两者都不会被剥夺。

"现在我们讨论一下,是否每一个不幸的人都处于匮乏的状态。认同这个观点需要进一步阐明:很多人非常富有,他能轻易得到一切他所想要的,但是他仍会觉得这样的生活是不幸的。西塞罗曾以奥拉塔为例,谁会认为他处于匮乏呢?他是如此富有,享受着无穷的快乐;他拥有无数的财物,他的欲望得到了极大的满足:他的目标也能很快实现。但是你们可能会反驳说,他可能想要获得更多的事物。但对此,我们不能确定,设若他所欲求的没有超过他所拥有的,你们是否会认为他是匮乏的?"

"即便我们同意这一假定,"利凯提乌斯反

驳道,"但是一个缺乏智慧的人,他肯定担心他所有的一切会因为命运之神而一下子失去了。不难知道,无论他所拥有的事物多么富足,依然会受到命运的支配。"

> 精神的匮乏就是愚蠢,它是智慧的对立面

我笑着对他说:"利凯提乌斯啊,这位所谓的最有福气之人,哪怕他足够聪明,但仍然远离幸福生活。他越是聪明,就越是知道自己的这些所有在某一天终将不保,他被恐惧和不确定感包围着。正如谚语说道,处于不安定感中的人,因这不幸而变得精明。

"现在我们需要进一步探讨,尽管他有所恐惧,但是他没有处于匮乏状态。正如我们之前所说,匮乏的意思就是不拥有,并非对失去所拥有之物的恐惧。尽管他没有处于匮乏状态,但他仍然是不幸的,也就是说,并非每位不幸之人都处于匮乏状态!"

母亲有些困惑,她说道:"我不知道,而且我也无法理解不幸是如何与匮乏分离的。正如你们刚刚所提到的这位奥拉塔,他如此富有以至于他无须追求什么,但是他因缺少智慧而担

心失去他所拥有的事物。当他缺金少银的时候，我们说他有所缺乏；当他缺乏智慧的时候，我们为什么不能说他同样也有所缺乏呢？"

所有人都为这一说法而欢呼雀跃，认为她说出了哲学书里所教导的道理。

我问道："现在你们看到不同的学说与委身于上帝的精神之间的差别了吗？这些话语难道还会有其他的源头吗？"

利凯提乌斯说道："没有什么比她说得真切、更神圣的了！智慧的缺乏是最大的缺乏，不缺乏智慧的人一无所缺。"

我继续说道："精神的匮乏就是愚蠢，它是智慧的对立面，它们之间的关系就如同生与死、幸福与不幸之间的对立，两者之间不存在中间状态。因为没有幸福就是不幸的，没有死就是生的，不是愚蠢就是智慧的。由此可见，奥拉塔不幸并非因为他的恐惧，而是因为他的愚蠢。如果他连自己所珍重的事物终究要失去这一点都不知道，他将更加不幸。精神上的怠惰较之勇敢地捍卫自己的所得而言更加愚蠢，如若这样，他会更快地陷入不幸。如果愚蠢的人处于匮乏之中，智慧的人没有匮乏，那么愚蠢就是匮乏。正如愚蠢就是不幸，不幸也就是愚蠢。现在这一原则便可得到彻底证明：所有的匮乏都是不幸，所有的不幸都是匮乏。"

愚蠢乃精神的匮乏

特里盖提乌斯没有理解上述结论，我问他同意我哪一步的推论，他说他同意"没有智慧的人是匮乏的"。

"那什么是匮乏？"

对此他没有作答，我继续问道："难道匮乏不就意味着愚蠢吗？"

"确实如此。"

"愚蠢和匮乏没有差异。也就是说，只不过是给匮乏多取了一个名字。尽管我不知道，我们是否能够这样表达，'他是匮乏的'而不是'他是愚蠢的'。当我们表述一个地方没有光时，我们会说这里是黑暗的，实际上与此处没有光，在含义上不存在差别。正如我们说没有穿衣服就是裸露，哪怕有了衣服，（如果不穿）依然是裸露的。所以我们说某人匮乏，就如同说某人裸露着身子，'匮乏'就是对'没有拥有'的另外一种表达。所以，为了更好地表达我的观点，当我说'他是匮乏的'，其实就是在说'他拥有无'。我们已经承认愚蠢就是一种真正的匮乏。现在，让我们来看看这个问题是否得到了解答。我们之中似乎还有人怀疑当我们使用'不幸'这个词的时候，它的意思并非匮乏。但是，我们已经解释了愚蠢被称为匮乏的原因。正如每个愚蠢的人都是不幸的，不幸的人是愚蠢的，我们也需要得出这样的结论，不仅仅每一个匮乏的人都是不幸的，而且没有一个不幸的人不是匮乏的。但是倘若我们得出了'不幸就是愚蠢，愚蠢就是不幸'的结论，我们为什么不直接从'每个匮乏的人就是不幸的，每个不幸的人就是匮乏的'这一前提退出，直接得出'不幸就是匮乏'的结论呢？"

要始终坚持节制

当他们都承认了这一点后，我便解释道："不遭受匮乏的人可能就是幸福的和智慧的。愚蠢就是某种意义上的匮乏（egestas），匮乏也常常意指贫瘠（sterilitas）与不足（inopia）。请注意，古人是如何用不同的语词来给这些事物命名的。

"你们都已经同意精神的愚蠢就是匮乏,或者说,精神的匮乏就是愚蠢。我们之前曾讨论过,'无意义'(nequitia)这个词来源于 nec quiquam,意思是'没有某物',它的反义词是节制(frugalitas),frugalitas 的词根是'果实'(frux)。节制(frugalitas)与无意义(nequitia)这对概念可以借助于存在(esse)和非存在(non esse)这一对概念来加以理解。那么,我们这里所说的匮乏的对立面是什么呢?"

沉默片刻后,特里盖提乌斯说道:"当我谈及富有(divitiae)时,它的对立面是贫困(paupertas)。"

"现在已经很接近答案了,"我认为,"匮乏(egestas)与贫困(paupertas)可以在同样的意义上被使用。然而我们必须找到另外一个术语和富有(divitias)一起作为这两者的对立面。若找不到匮乏的对立面,则显得有点奇怪。"

"完满(plenitudo)。"利凯提乌斯提议道,"这个词似乎是匮乏的对立面。"

"稍后我们再继续讨论'完满'这个词,因为这对于我们目前探寻的真理并不重要。萨鲁斯特认为匮乏（egastas）的对立面是富足（oputentia），但我认为'完满'（plenitudo）这个词更合适。我们所关心的并非语法上的对误，我们也不担心因为我们粗心的用词，而遭受那些允许我们使用他们财物的人嘲笑。"

他们笑着认可了这一说法，我继续说道："……现在，让我们来探究这个术语的意思，没有哪一个术语能像它一样更加接近真理了。'完满'（plenitudo）与'匮乏'（egestas）是一对反义词，正如'节制'（frugalitas）和'无意义'（nequitia）这对反义词，也和'存在'（esse）与'非存在'（non esse）一样。如果匮乏是愚蠢，那么完满就是智慧。很多人都曾正确地指出节制（frugalitas）乃所有德性的基础。和他们的观点一样，图利乌斯曾在众人面前发表演说：'不管别人怎么想，我始终坚持节制——自制（modestia）和节欲（temperantia）——最伟大的德性。'这当然是一个非常富有学养并合适的论述。他想到了果实（frux），就是我们认为的存在，它的对立面是非存在。但是在日常的用法之中，我们将'节制'（frugalitas）与'节约'（parimonia）等同，他分别阐释了这两个词的意思，并加上了'自制'（modestia）和'节欲'（temperantia）。现在让我们进一步考察这两个词。"

自制与尺度

"'自制'(modestia),源自'尺度'(modus),'节欲'(temperantia)源自'权衡'(temperies)。尺度与权衡意味着既不多也不少。所以,作为'匮乏'(egestas)的反义词,'完满'(plenitudo)比'富足'(abundantia)更为合适,'富足'指的是某物因过多而流出来。如果这是因为超过了,也就是失去了尺度。所以,'匮乏'并非'富余'的对立面,因为这两者都是缺乏尺度。如果你们分析'富裕'(opulentia)这一个词,你会发现它包含了尺度,因为这个词是源自'财富'(ops)。但是如何理解过多这一问题——过多比过少还棘手?所以,无论是过多还是过少都是因为缺乏尺度,从而从属于匮乏。精神的尺度就是智慧。我们可以确定的是:智慧的反面是愚蠢,愚蠢是匮乏;匮乏的反面是充足,智慧就是充足。充足之中有尺度。从下面这句话中我们便可看到：

"'对生活而言有益的：不要太满，过犹不及。'

> **真理是上帝之子**

"我们早就说过，不幸即匮乏，远离匮乏既是幸福，也是智慧。你们会问，究竟什么是智慧？我们早已解释过，智慧难道不就是精神的尺度吗？也就是说，它既非过度也非缺少。精神缺乏节制，就会堕入奢华、专制、骄傲以及诸如此类的种种。不幸之人还自以为是地认为他们得到了喜乐与权力，不幸之人因吝啬、恐惧、悲伤、情欲以及诸如此类的情绪而感到不幸。

"但是，如果灵魂紧紧守住它努力寻到的智慧，借用之前有人所说的——奉献给它，不为虚空所动，不再为繁华世界所吸引着投入它们的怀抱，抛弃上帝而追求有害的目标，那么就不再害怕没有节制，因而没有匮乏和不幸。所有幸福的人都获得了其尺度——智慧。

"但是除了上帝的智慧，还有什么能称得上智慧？神圣的权威告诉我们，上帝之子就是上帝的智慧，上帝之子就是真上帝。拥有上帝的人是幸福的——这个命题在一开始就被诸位承认了。难道你们会否认智慧就是真理吗？经文上写道：'我就是真理。'（《约翰福音》14,6）这个真理来自最高的尺度，万物从其流溢而出并复归于它、达至完满，其他的尺度不会超高上帝的尺度。若最高的尺度凭借最高的尺度而存在，那就是借助自身的尺度。

"当然，最高的尺度必定是真正的尺度。但是，正因真理产生于尺度，所以尺度在真理中被认识。所以，不存在没有尺度的真理，也不存在没有真理的尺度。

"上帝之子究竟是什么？真理。'谁没有父亲'，谁不是最高的尺度？若借助真理通往最高的尺度，他就是幸福的。就精神而言，拥有上帝就是享受上帝。其他的事物都是上帝的所有物，他们却不拥有上帝。

> 在坚定的信仰之中，在喜乐的希望和热切的爱中追求幸福

"推动着我们回忆上帝、寻找诫命、克服一切骄傲，渴望上帝，跳进真理的泉涌中。我们的内在之眼享受真理之光的照耀，这光就是我所说的全部真理。哪怕我们担心自己的视力微

弱，只是刚刚睁开眼睛时，我们仍然需要大胆地转向它并全然地凝视真理。此光就是上帝的完美（perfectum），它不会变弱，因为整全与完美就是全能的上帝。只要我们仍然在寻找，我们就还没有被源泉本身——为了使用那个词'完满'（plentitudo）——被完满所充满，我们必须承认，我们尚未达到我们的尺度，所以我们需要上帝的帮助，我们还远非智慧和幸福。因为这才是精神的满足，这才是唯一的幸福：你需要全心且完全地知道因他之故，你们被导向真理，你们所喜悦的真理本性，你们与最高尺度之间的连接！这三者向那些理解了唯一上帝、唯一实体——排除了所有的虚空以及幻象——的人显现。"

母亲说道："这就是幸福，这就是完满的生命！让我们追求它，等待它，以便能够实现它，在坚定的信仰之中，在喜乐的希望和热切的爱中。"

"现在，"我接着说道，"根据尺度的要求我们需要节食几天。我全心感谢最高的、最真的上帝与父，主以及我们心灵的解救者，还有你们，我的客人们——给我准备了如此富足的礼物。"

III

意志与幸福

人人向往幸福是古代哲学家们所信奉的原则。奥古斯丁也认为意志就其本身而言是朝向幸福生活,但是奥古斯丁反对对幸福的主观式理解,强调意志必须朝向永恒不变的事物。此外,他也批评了斯多亚学派认为在此世即可获得幸福的观点,指出了幸福的末世品性和永恒品性。

意志朝向幸福生活

（接下来的这段引文是奥古斯丁与其好友埃夫及乌斯之间的对话《论自由决断》，在该对话中，奥古斯丁通过引入自由意志来解决神正论问题。——译者注）

上帝禁止人们追求可怕的事物

奥古斯丁："你有意志吗？"

埃夫及乌斯："我不知道。"

奥："难道你不想知道答案吗？"

埃："对此我亦不知道。"

奥："既然你这么说，那么我们就难以继续讨论下去了。"

埃："为什么？"

奥："如果你不想知道问题的答案，我无从回答你。如果你不追求智慧，我没有必要和你继续讨论。如果你不追求幸福生活，我们甚至都无法成为好友。那么我问你，你是否拥有对幸福生活的意愿？"

埃："我不得不承认我拥有追求幸福生活的意愿。请继续你的论述。"

奥："请你告诉我，你是否拥有善良意志？"

埃："什么是善良意志？"

奥："善良意志意味着生活正义、获得荣誉及最高的智慧。你是否追求充满正义与并享有荣誉的生活，你是否不想拥有智慧？你会否认你想要有这一善良意志吗？"

埃："我完全不会否认我们都有意志。所以我不仅拥有意志，并且还拥有善良意志。"

奥："现在我问你，你在怎样的意义上拥有善良意志？你会追求财富、荣誉或给肉体带来快感的事物吗？"

埃："上帝禁止人们追求这些可怕的事物。"

奥："难道我们不应该为灵魂拥有某种好的东西而感到高兴吗？我所说的是，善良意志是不会追求我刚提到的那些俗物。我们看到不少人不费吹灰之力就拥有了那些事物。"

埃："我们确实应该为你说的善良意志感到高兴。"

奥:"好吧。那些不以灵魂的善好为乐的人，在失去善良意志时也不会感到可惜。"

埃:"其实他们失去了大善。"

奥:"我想现在你已经承认了拥有善或失去善完全取决于我们的意志。难道善良意志不在我们的掌控之中？拥有善良意志的人势必会看轻属于尘世的和身体的快感，缺乏善良意志的人无法把控自己权能外的事物。有些人若失去了名声、财富或其他外在的事物，就会认为自己是不幸的。难道你会否认他的不幸吗？因为他没有获得他所追求的事物。更重要的是，他缺乏善良意志——外在事物无法与之相提并论，即便人们只需想要便可拥有善良意志。"

埃:"完全同意。"

奥:"若愚人无法变得智慧——一个不甚明确的观点——那么他们也无法获得幸福。"

埃:"我同意。"

奥:"明智是否意味着判断什么事物值得追求，什么事物需要避免？"

埃:"确实如此。"

奥:"勇敢难道不是这样的一种心性吗？借

助它，我们可以对于自己所受到的伤害，及那些我们因无法掌握而失去的事物不为所动。"

> **正义就是每个人都获得了他所应得的**

埃："我也赞同。"

奥："节制就是控制自己并远离那些不该被追求的事物。难道你不这么认为吗？"

埃："我同意你所说的。"

奥："正义就是每个人都获得了他所应得的。"

埃："关于正义，我也给不出其他的定义了。"

奥："因此，凡拥有善良意志的人都爱它，以之为最高的快乐。一方面取悦自己；另一方面，除非自愿，善良意志是不会被剥夺或失去的。难道我们会怀疑，人需要与善良意志相左的事物作对吗？"

埃："他们必然会反对。"

奥："难道我们不会同意那些明智的人知道什么值得追求，什么需要避免吗？"

埃："若不明智，他们肯定做不到。"

奥："为什么我们不能认定他们是勇敢的呢？因为他们不会追求自己能力范围之外的事

物。这些事物只会被邪恶意志所爱慕，人们应该果断拒绝这些事物。如果他不爱这些事物，即便失去了，他也不会感到痛苦。这是勇敢这一德性的工作，我们之前谈论过并达成了一致意见。"

埃："是的。我们必须认为这样的人是勇敢的。我没有见过有比那些可以淡定放弃不在他能力之内事物的人更勇敢的。他肯定可以做到。"

奥："现在我们来讨论一下节制，它可以抑制情欲。善良意志也对抗情欲，所以你看，爱善良意志的人会用尽办法反抗情欲并因此是节制的。"

埃："请继续论述。我同意。"

奥："现在还有正义这不可或缺的美德。拥有并爱善良意志的人反对那些令人憎恶的事物，无人做不义之事；他认可的他才会做。你会想起来，这就是我所说的正义。"

埃："我记得。拥有并颂扬善良意志的人拥有以上四种美德，正如你刚刚所同意我所作的论述。"

奥："什么会使得这些人的生活不值得被颂

扬呢？"

埃："完全不会。"

值得追求的生命是幸福的

奥："怎么说？你不会说逃离不幸的生活吗？"

埃："我们完全不需要做别的。"

奥："你确定不离开这种生活？"

埃："不，这恰恰是值得追求的生活。"

奥："值得追求的生命是幸福的。"

埃："确实如此。"

奥："在我看来，没有不幸就是幸福的。"

埃："没有比这更清楚的了。"

奥："所以，我们同意当某人以自己的善良意志为乐时，他就是幸福的；因此，对于那些被称作好的，即便愿享但也会失去的事物，他没有赋予价值。"

埃："当然。从我们之前所认可的前提可以做出这样的推导。"

奥："你的理解完全正确。但是请告诉我：以自己的善良意志为乐，并赋予其极大的价值，这本身难道不也是一种善良意志吗？"

埃:"没错。"

奥:"如果我们正确判断这个人因以自己的善良意志为乐是幸福的,那么与之相反的,就是不幸的?"

埃:"完全正确。"

奥:"因此,即便我们从未智慧,但是我们依然是借助我们的意愿判定我们是否值得幸福和值得赞扬的生活,或是不幸或悲惨的生活。"

埃:"通过确定和不可否认的步骤,我们得出了这一结论。"

奥:"现在让我们回想一下,我们是如何描述善良意志的,我们可以借此寻求幸福生活和有荣誉的生活。"

埃:"是的。"

奥:"所以,正是因为善良意志,我们以此意志为乐,我们将善良意志置于尽管我们意愿也可能会逝去的事物之前。正如我们所论证的,我们的灵魂可以拥有那些美德,生活得正义而且有荣誉。关键在于,愿享正义与荣誉的人,不会向往那些可逝去的事物。对于这一"大善",人们只需想要就可得到。"

埃:"如果如此大的善好出现在我的眼前,我会抑制不住我的喜乐。"

奥:"如果获得这个好的喜乐可以提升精神,使其达到平静、和平和稳定的状态,这就是幸福生活。难道你不认为,幸福就在于享受真正的和确定的好吗?"

埃:"我完全同意你。"

奥:"难道你会否认每一个人都在向往,并想尽办法追求幸福的生活吗?"

埃:"谁会怀疑每一个人都愿享幸福呢?"

奥:"但是为什么不是所有的人都能获得幸福生活呢?我们说过且同意,人们因意愿而配享幸福生活,也因意愿而配享不幸。也就是说,每个人的结果都是他们所应得的。但是,如果我们进一步讨论和观察,某些矛盾就出现了,这摧毁了我们之前的论证。如果无人愿享不幸,为什么我们说人是因为意愿而不幸?也就是说,所有的人都愿享幸福,为什么有的人凭借意志获得了幸福生活,还有一部分人不幸呢?

不想生活得正义，则无人配享幸福

"其原因是否出于愿享某物以好的或是坏的方式？那些幸福的人（必须也是好的）不幸福的原因，仅仅可能在于他们只是想要生活得幸福，即便恶人也是如此。与之相反，因为他们想要生活得正义，这是恶人所不愿意的。正因如此，不幸之人不能获得他们所愿享的事情也就可以理解了。他们不想生活得正义，若没有这一意愿，无人配享幸福。永恒律法具有不变的稳定性，功德在于意志，惩罚与奖赏就是不幸与幸福。所以我们说，正因意愿之故，人是不幸的。我们并不是说他们愿享不幸，而是说他们采取的方式造成了他们的不幸，造成了与他们意愿不一样的结果。所以，人人愿享幸福，但并非人人都有能力实现幸福，这与我们之前的论证没有矛盾，因为并非所有的人都能正义地追求幸福。幸福生活就在于此，你有什么需要反驳的吗？"

永恒律法与时间律法

（奥古斯丁在此通过引入时间律法与永恒律法来讨论幸福；时间的律法对应的是世俗中的律法，人们可以依法追求财富、健康、名声等，而永恒律法对应的是不变的律法，它要求人转向永恒而获得精神的纯洁。——译者案）

> 幸福的人服从于永恒律法，不幸的人服从时间律法

埃："没有。我想追问永恒律法和时间律法的关系。"

奥："首先，请你回答我。以生活正义为乐的人，除了正确之故，也觉得这样的生活合宜。难道他们所爱的幸福生活不是以善良意志为基础的吗？不幸不是以邪恶意志为基础的吗？"

埃："他们全心全意地爱这律法并据此而生活。"

奥："当他热爱这一律法的时候，他爱的是变化的和时间性的，抑或是永恒的、不变的

律法？"

埃："当然是永恒的、不变的律法。"

奥："那么,那些有邪恶意志之人,他们爱的是什么呢？他们所爱的律法就是他们受惩罚的原因吗？"

埃："不是。"

奥："他们什么都不爱,是吗？"

埃："他们的邪恶意志希望能得到很多事物。"

奥："我认为你所说的是财富、荣誉、欲望、物理性的美,他们欲求的是这些会失去的事物。"

埃："正是这些事物。"

奥："显然你不会认为这些事物是永恒的,它们隶属于时间性的律法。"

埃："只有疯子才会这么认为。"

奥："正是因为有的人热爱永恒性的律法,有的人热爱时间性的律法,我们承认存在时间律法和永恒律法。那么,你认为哪些人服从永恒律法,哪些人服从时间性律法？"

埃："我认为幸福的人服从于永恒律法,不幸的人服从时间律法。"

奥："是的。如果你认为我们的论证成立：服从于时间律法的人不可能被永恒律法所解救。正因永恒律法，我们才能判定事物是正义的，或是被正义地改变，或是源自正义。你正确地指出了服从永恒律法的人不需要时间律法。"

埃："没错。"

洁净灵魂永恒

奥："所以，永恒律法使得我们将爱转离时间性事物，而朝向永恒的事物。洁净灵魂，朝向永恒。"

埃："确实如此。"

奥："人们欲求可以短暂拥有的事物，难道你不会认为时间性律法所规定的，因此律法之故和平凡人类的繁衍得以保障？在一定的程度上，可以分为以下几个部分：

"身体和与身体相关的,即健康、感觉、强度、美及其他相关的事物；自由，虽然它本属于那些依附于永恒律法之人，但我现在所谈论的自由与人类欲望有关，即使人类并不能真正掌握它，也认为自己是自由的；父母、兄弟、妻子、孩子、邻居、亲戚、朋友，处于一定关系之中的人；国家，可以扮演父母的角色；荣誉和奖赏，这被称作是"名声"；最后是财产，我们以此来命名我们有权控制和进行买卖的东西。

"现在很难解释法律是怎么分配这些不同的分类的，但是这并非现在需要解决的问题。我们足以知道，时间律法的执行方式无外乎通过惩罚、剥夺所有的方式。所以，通过恐惧，时间律法发生作用。"

真正的幸福

所有人都有理解并获得了幸福的意愿。人们对幸福的理解是多种多样的,每个人都愿享幸福,但并非每个人都知道真正的幸福是什么。如果所有人都知道幸福是什么的话,那么就不会出现有的人追求好的灵魂,有的人追求身体的快感,而有的人两者都关注这样的差别了。不同的事物取悦着不同的人,他们对幸福生活有着各自不同的理解。

以正确的方式获得所愿想的事物就是幸福

人们何以可能爱他们不了解的事物呢?谁能爱他不知道的事物——这一主题我在之前的章节已经讨论过了。人人所爱的幸福,难道不是已经为他们所知了吗?抑或所有的人都知道幸福生活是什么,但是不知道从何处追求?如果在此世中有关于人们应当愿享幸福生活的问题,当我们追问什么是幸福的时候,却不去寻找幸福在哪里。当然，如果幸福存在于身体的愉悦中，享受身体愉悦的人是幸福的；如果幸福存在于灵魂的善好，那么他就会追求灵魂的善好；如果幸福在两者之中，他就会追求这两者。

如果有人说，"幸福生活就是享受身体的愉悦"，但是其他人说"幸福生活是拥有善好的灵魂"，这意味着他们都不知道什么是幸福生活，或者两者都没有认识真正的幸福生活。如果没有人可以爱他所不知道的事物，那么两者是如何爱幸福生活的？或许我们之前确定的人人都愿享幸福是错的？比如，如果幸福生活指的是根据灵魂的善好来生活，那么如果他不愿享于此，如何才能幸福生活呢？或者，准确来说，"这个人之所以不想要幸福生活，是因为他没有意愿根据灵魂的善好来生活，这是人幸福生活的唯一原因吗？"如果根据灵魂的善好才能幸福生活，那么并非每个人都是愿享幸福生活的，因为并非每个人都追求灵魂的善好。

我们应该考虑这是错的吗？即便学园派西塞罗都不曾怀疑（学园派怀疑一切）。在对话录《荷尔顿西乌斯》的开头，西塞罗写道："难道不是所有的人都愿享幸福吗？"这绝非是错误的！那么然后呢？除了依据灵魂的善好来生活，还有什么其他的方式可以幸福生活吗？即便不愿享灵魂的好的人，难道不也愿享幸福吗？这看似非常悖谬。这似乎就是在说："不愿享幸福生活的人，也在幸福生活。"这听起来难道不像是自相矛盾吗？如果人人都愿享幸福生活，但是没有采取相对应的方式，就陷入了这一困境。

幸福无非是依据人的快乐而生活

或许我们应该回顾之前我们讨论过的来解决这一困境？伊壁鸠鲁认为幸福在于快乐，芝诺认为幸福在于善好，有的人认为在其他的事物之中，幸福无非是依据人的快乐而生活。"所有人都愿享幸福"这个命题是可以成立的，因为所有人都愿享他喜欢的事物。如果这个被运用在那些在剧场的人身上，也是在他们的意愿之中。

西塞罗写道："并非哲学家，而是那些好辩之人，才认为所有人都正如他们自己所愿享的那般幸福。"当我们说"取悦每一个人"时，我们所表达的意思是一样的。但是他很快又说道

"这其实是错的。因为愿享不可能实现的事物本身是最不幸的,不能保持你所愿享的事物也是不幸的",这是多么正确的表述!

谁如此无知,如此远离光明而陷入羞耻的黑暗,好像在诉说着生活邪恶的人没有受到惩罚,没有受到限制,没有受到反抗,甚至还为他人所颂扬。邪恶意愿本身就是恶的,若实现了邪恶意愿,将造成更大的恶。

所以人人都愿享幸福,并且都以最大的爱来愿享幸福,因此之故,他们愿享其他的事物。因为无人能够爱他就种类和品性而言,完全没有知识的事物。对于所愿享的事物也不会完全无知,所以所有人都知道幸福生活。幸福的人指那些拥有了他们所愿享的事物的人,尽管并非所有获得他们想要的事物的人就是幸福的;但是如果他们没有得到他们愿享的事物,或是他们有了他们不想要的事物,他们就是不幸的。所以,如果人们获得了他所愿享的事物,而且以正确的方式,就是幸福的。

现在看来,幸福生活由两个方面构成,如果这两者不能同时兼得,我们应该是努力争取我们想要的事物，还是正当地愿享所求的事物，即便我们不能拥有它们？也许这就是人性的扭曲，如没有得到自己所愿享的，且使用不当的方式，两者都是不幸的，但是如果那些拥有了所愿享的好的事物，以及没有愿享坏的事物的人都实现了各自的愿望，就意味着是幸福生活了（获得了不当欲望的人比没有获得所欲求事物的人距离幸福生活更为遥远）。相反，善良的意志应当被选择应当被置于优先的位置，即便不能获得他们所愿享的。

明智、节制、勇敢、正义

善良意愿使人接近幸福，一旦他们得到了自己所欲求的，他们就是幸福的。但可以确定的是，倘若他真的幸福了，乃是好的事物而非坏的事物使他幸福。他已经拥有了一些好的事物，比如说善良意志本身，这不能被别人轻视；如果谁想要在凭借人性不是作恶而是追求好的事物，比如他们在这个不幸的生命之中能够实现的事物、明智、节制、勇敢和正义。尽管他身处邪恶，他本身依然是善好的。如果坏事减少，并且所有好的事物都得到完善，他将会是幸福的。

在充满欺骗与诱惑的此生，让自己被信仰充满是必要的。若没有上帝的馈赠，没有其他任何好的事物能使人成为神，没有什么事物能成为幸福的源泉。但是，在悲惨的此世保持信仰与善良，将从此生获得幸福生活，并且将能够实现不可能实现之事，即人能按其意愿的生活。在这样的幸福状态中，无人愿享坏的生活，而且也不会追求缺乏的东西。凡是人们所爱的事物都会是存在的，不被意欲的事物就不会存在。那里的事物都是善好的，而其中最高的上帝将会是最高的善，他成为爱他的人享受的对象。这一幸福的顶点将持续到永远。

现如今有一些哲学家也提出了他们关于幸福生活的看法，似乎他们能够凭自己之力在必死的处境之中，获得他们所追求的事物。因为他们认为，无人能够幸福，除非获得他们所愿享的，并且没有遭受他们所不想愿享的。但是谁不想要那个使他获得愉悦的生命——幸福生活——在他的努力之下是永远存在的呢？谁能做到这一点呢？即便他在遇到苦难时愿意并且能够承受困难,但是谁会主动愿意承受苦难呢？

即便有人有耐心坚守正义并过上了值得称赞的生活，但是谁愿意生活在折磨之中呢？遭受这些恶事之人，要么是想要拥有他们所追求的事物，要么是担心失去他们所爱的事物，无论他们所爱的事物是好的还是坏的。借助希望，他们能实现幸福，即便他们处在短暂的邪恶之中，借此他们能够获得那些不会逝去的善良事物。

只有保证身体不遭受伤害，才有可能按自己的意愿来生活

然而，那些在希望之中的人还没有获得幸福，因为他还没拥有他所期待的。但是，那些没有这种希望的人生活在折磨之中，没有这样的奖赏，无论他忍受了多大的苦难，都不是真正的幸福，而是悲惨的。在这一点上，他并非是凄惨的，因为他本会更加悲惨，如果他对于本来的悲惨没有耐心。此外，即便他没有遭遇他本想避开的身体上的不幸，他也不能算作是幸福的，因为他的生活并非如他所愿。我们姑且不论精神上的痛苦，他希望自己的身体不遭受伤害，在自己的控制下不受污染。但正因为他不能保证这一点，他就无法按照自己的意愿来生活。

尽管他凭借勇毅忍受着发生的不幸，他宁

愿这一切不要发生，他为两者都做好了准备，愿享其中之一在他的范围之内。如果他想要避免的事情发生了，他自愿承受之。所以，他承受之以便于自己不被击垮，但是他不愿承受。

那么，他如何才能按照他的意愿来生活？是不是愿享承受他所不愿发生的事呢？他愿享他力所能及的事情，只是因为他不能够拥有他所想要的。这就是必死之人幸福生活的全部了——我不知道我们是否应该嘲笑或是怜悯他们——那些颂扬人们可以按照意愿而生活的，因为他们有意承受他们不愿意承受的事物。他们引用了泰伦提乌斯所说的话："正因为那不能成为你所愿享的，那么就愿享你所能够的事物吧。"谁能否认这句话的伟大呢？但是，这只不过是让不幸之人免于更加不幸的情况罢了。对于幸福的人而言，"所愿享的无法实现"是不对的。如果他是幸福的，那么无论他愿享什么都能实现，因为他不会愿享不可能的事物。幸福生活是不会逝去的，它具有永恒性。如果人不是以永恒的方式获得幸福，那么对幸福的追寻就是无意义的了。

正确的意愿带来幸福

人之自然就是追求不朽

所有人都愿享幸福,如果他们通过正确的方式,他们将会是不朽的,否则他们不会幸福。此外,如果他们以相似的方式被问及关于不朽的问题,就如同幸福那样,他们都会回答他们愿享不朽。无论是怎样的幸福,不是这样就会是那样,被寻求,但是在此生的幸福是假的,因为此生缺乏不朽,若不能实现不朽就不会有真正的幸福。正如我们之前所说的所论证的,人们正如他们所愿享地那般幸福地生活,并且没有走上错路。因为无人错误地愿享不朽,因上帝的礼物,人之自然就是追求不朽;如果人缺乏这样的能力,也就缺乏幸福的能力。

幸福生活的人必须真正地活着。如果他失去了生命,幸福生活又如何实现呢?但是如果他失去了生命,这要么是根据他的意愿,要么是违背他的意愿。如果是违背其意愿的,死亡不是他自己所能掌控的，那么生活如何可能是幸福的呢？此外，人若是不能得到愿享的事物，是不会幸福的，如果某人违背了他的意愿而失去一些事物，他将是多么不幸！并非仅仅因为荣誉，因为拥有的财富，或者什么别的事物，生命本身都没有了，何谈幸福生活呢？所以，即便没有感觉留下，生命可能是悲惨的（若没有了生命，也就没有了幸福生活），只要他仍然有意识，他就是不幸的，因为他知道他所爱的事物会因违背他的意愿而消失。生命若违背人的意愿而逝去，就不可能是幸福的。

人无法获得永恒的幸福

如果拥有生命的人自愿放弃生命，这样的生命如何是幸福的？对此唯一可能的结论，就是幸福的人既不主动选择放弃幸福生活，也不希望生命的失去。生命因死亡而逝去；面对死亡，他们毫无畏惧，以一颗平静心对待。但如果缺乏对生命的爱，很难说是幸福生活。幸福的人不爱的幸福生活是怎么回事呢？如果对于幸福生活的增长与消失不曾关注，又如何能说幸福生活被人人所爱呢？也许，正因为幸福生活，人们才追求美德，但是现在来看，这一美德让我们不再爱幸福本身了。如果真是这样，我们因为不爱目的本身，也不会爱美德了。

最后，人人愿享幸福这个观点需得以检验和解释，并需要指出在何种意义上是正确的。如果有些人已经幸福，难道不是要么出于意愿或是违背他们的意愿吗？或者，如果他们愿享幸福，正如真理所规定的，正如自然所强迫的，最高的善和不变的创世者已经将其印刻在人的意愿之中；如果我说，幸福的人若愿享幸福，他们势必不会愿享不幸福。但是，如果他们不愿享幸福，他们无疑不会愿享他们自己失去幸福，并死去。但是如果他们生活，他们只能幸福，不会希望他们自己的生命终结了。所以，无论是已经获得了真幸福的人，抑或是欲求如此的人，都想要不朽。但是他没有幸福的生活，他所愿享的事物还没有成为现实。所以，此生获得真正永恒的幸福是不可能的。

幸福的永恒品性

少数的人能够探究灵魂的不朽且需要天赋、闲暇和学习

人类本性是否能实现永恒,这一问题不能被忽略。对于那些试图用理性理解这些事的人,只有少数的人能够探究灵魂的不朽,而且他们需要伟大的天赋、充足的闲暇并且经过长久的学习。即便如此,他们也没有为灵魂找到持久的幸福生活,因为他们说灵魂之前是幸福的,后来堕入不幸之中。

他们中间已经有人为此观点感到可耻了。有人曾经认为纯洁的灵魂在没有身体的情况下可以在永恒的福乐之中,认为此世是永恒的,就是与他们自己关于灵魂的看法自相矛盾;在此对其证明将非常繁琐,我在《上帝之城》第12卷中已经对这一问题进行了阐明。

借助信仰的传统,我们知道人由灵魂和身体构成,终将不朽且享有永恒的幸福。

幸福的羁绊：意志的软弱

　　这一怪事是什么？为什么会这样呢？这一怪事从何而来呢？为什么呢？灵魂命令身体，身体本应立即服从，可是现在灵魂命令自己却不服从。灵魂让手运动，尽管这一命令与手的运动很难区分先后。毕竟灵魂是灵魂，手属于身体。灵魂命令灵魂愿享，灵魂获得了指令，它却不遵从。是什么造成了这一怪事？如果灵魂自己没有愿享的话，它是不能给出指令的，但是现在灵魂命令它自己愿享，却不能实施它所命令的。意愿并非完全的，命令亦非完全的。命令的强度在于意愿的强度，命令之所以无法执行的程度就在于意愿没有参与的程度。意愿命令自己存在，它没有命令其他的意愿。所以，发出命令的意愿并非完全的，他所命令的就无法完成。如果意愿是完全的，它不需要命令意愿存在，因为它已经存在了。所以，意愿与非意愿之间不存在鸿沟。我们所处理的是灵魂病态的状态——当灵魂为真理抬升的时候,它不会犹豫不决,但是它会为自己的习惯所困。所以,存在着两个意愿,这两者都不是完全的。

IV

真理与幸福

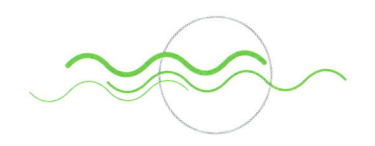

作为新柏拉图主义的奥古斯丁将真理与幸福等同,追求幸福即追求真理。若没有真理情节,生命将失去其意义和深度。寻求真理或幸福需要反求诸己,返回自身。人要以灵魂的眼睛凝视不变的永恒。

以真理为食

真理即智慧　　你们所追求的除了幸福还会是什么呢？有什么比安享那永不改变、最完满的真理更幸福吗？

有的人因妻妾之美而欢呼自己是幸福的。难道我们会怀疑，当人们拥抱真理的时候不会是幸福的吗？有的人口渴难耐时发现了甘泉，有的人在饥饿无比的时候享用了饕餮盛宴而欢呼自己是幸福的。难道我们不应该认为以真理为食也是一种幸福吗？有的人被玫瑰或其他鲜花所围绕时，或在沁人的香味之中而认为自己就是幸福的。但有什么比真理更芳香、更宜人呢？难道有人怀疑我们可以在真理的呼吸中感到幸福？有的人认为自己在靡靡之音、丝竹之乐的享受中是幸福的，若听不到美妙的音乐就认为自己是悲惨的。当我们的精神超脱于一切纷扰，真理美妙的寂静涌入，我们还需要寻找什么其他的幸福呢？难道我们不会安享在这一当下的幸福之中吗？有人沉浸在对光彩的喜爱中，比如金、银、宝石的颜色，或是火的、星辰的、日月的光，他们认为这就是幸福并且追求这些事物。难道我们就不能认为幸福生活就是存在于真理之光中吗？

在真理中，我们认识并拥有最高的善。**真理即智慧，让我们在其中认识、拥有并完全地安享它，因为安享最高善就是幸福。**真理可以解释所有真正的好是什么，人们根据自己的能力选择其中的一种或多种善来安享。让我们来看看这个类比，有的人选择在日光中观看世界，并以此为乐。如果他们拥有更好的视力和眼睛，他们希望能看见太阳本身，光洒在那些微弱的视力能看见的事物上。同样，灵魂对万物的研究充分后，它们也能在经过训练后朝向容纳一切事物的、不变的真理；对真理的持守好像使人忘记了其他一切，对其他的事物的安享与真理的安享是交织在一起的。其他的真理之所以是令人愉悦的，就在于真理本身令人愉悦。

我们的自由是这样的：服从真理，上帝令我们远离死亡，也就是远离罪的状态——真理本身。

人类灵魂七等级

首先,不要期待我会探究所有的灵魂,我所关注的仅是人类灵魂。灵魂的第一等级:灵魂赋予可朽坏的、尘世的身体生命;它让身体成为整体并自我保存;它使得身体免受破碎与消逝;它使得食物得以消化后营养分配到身体的每一个部位;它使得身体处于合适的比例,不仅具有取悦眼睛的美,并且也能够成长和繁殖。但是这些能力我们在人和植物那里都可以找到,他们都是活着的,我们能看到他们在按照自己的方式繁殖、成长。

> 更高级生命体的灵魂主要表现在感觉和运动

现在进入第二等级,看看感性事物的灵魂能够干什么。这个等级的生命的特征更明显了。我们不应该把注意力倾注在愚人和文盲所关心的迷信上,他们将树偶像化,认为它们有人性,也就是说,他们认为当葡萄被拉拽下来的时候,葡萄藤除了能感到疼痛，还能看和听。对于这种错误，在此我不想展开讨论。现在，请追随我的思路，更高级生命体的灵魂主要表现在感觉和运动等方面，那些固定在大地上的事物不可能也有这些方面的能力。

灵魂有触觉，能感知并区分热与冷、糙与滑、硬与软、轻与重，随后灵魂可以通过尝、闻、听、看来区分触觉、味觉、听觉和形状。在这些活动之中，我们可以理解并寻求到身体的本性，它会趋利避害。灵魂在某些特定时刻会暂停这些感性活动，就好像它在度假似的。或许我们可以说，灵魂在恢复自身，并且从为感性所感知的各种相似的实体之中抽离出来，这就是睡眠与做梦。

运动，比如跳舞或散步，使人愉悦。无须努力，它就可以保持自己种类的秩序与和谐。这不仅为了繁衍后代，而且也为了他们的日常保护和营养。出于习惯之故，灵魂渐渐适应了身体周围的环境，它们不情愿与周围环境的分离，就好像它们是身体的一部分似的，当与这些地方的联系不会因分离或时间的流逝而被隔断时,这一习惯的力量就被称为记忆。

现在进入第三等级:记忆,这是人类所特有的!记忆容纳了无数的事物,它不是通过与周边环境的适应而形成的,而是建立在观察和符号的基础上被吸收和保存:手工业艺术、田地的耕种、城市的构建、房屋的建造,不同文字的发明,包括书写与发音、绘画和雕刻。想想如此多的语言,如此多不同的新老学说,大量的书籍和相似的材料用来保存记忆,为后代提供了标准。想想在家庭、国家、战争与和平、市民与教会的行政部分之中,人们的责任、权利、荣誉和尊严的不同等级。想想理性和思想的力量,修辞学的华丽,诗歌的多样性;无数戏剧的模仿,音乐艺术,对精确性的衡量,对数字的研究,对过去的回顾,对未来的展望。这些都是多么伟大的成就,这都是理性灵魂的共同点,被有学识之人和无学识之人、好的和坏的人共同分享。

继续往上看,攀升至第四个等级,这一等级主要表现为道德上的善,所有真正的价值也都在这一等级中得以展现。在这个等级中,心灵——作为世界的一部分——不仅仅敢于不理会身体，而且敢于超越物理的世界。灵魂认为这个世界的好并非真正的好，并区分和轻视自己的权利与美。所以，灵魂越是自己的愉悦的原因，它越是脱离低级的事物，洁净自己，变得不再污浊。它变得强大，足以抵御那些动摇它决心和计划的诱惑，抵御对尘世的爱，抵御对它物而非对自身的追求；遵循智者的权威和法律，相信这是上帝对它的话语。在灵魂的这一向上的活动之中，灵魂仍然需要对抗世界的苦恼与诱惑，这是一场持久的战斗。在灵魂净化的过程之中，仍然还有对死亡的恐惧，这一恐惧感虽不是很强烈，但偶尔会变得难以控制；当信仰足够坚定的时候，恐惧感就不会强烈（仅仅只是净化的灵魂才是如此）。所有的事物都被上帝的预知和正义所支配时，那么死亡是不公正的，尽管造成人死亡的原因并非是公正的。但是，当上帝的预知愈加不被信任，对死亡的恐惧就越大，就愈加不能达到平静的状态。

最后，心灵在越来越进步的时候，就能认识到纯洁灵魂与受污灵魂之间的差异。除非身体被弃绝，上帝对受污灵魂的忍耐比人对自身的忍耐还要少。但是，没有什么比对死亡的恐惧和对此世诱惑的逃离更为困难的了。但是不管怎样，灵魂是如此伟大，能够获得最高和真的上帝正义的帮助——维持并统治宇宙的正义；出于正义之故所有的事物都有其应得的样子，它们不可能更好了。灵魂净化自身就是委身于此秩序，并相信能够被帮助且达至完满。

当灵魂远离疾病，远离所有的玷污，那么最终它能享乐并且无惧，不会被其他的事情搅扰，这就是第五等级。洁净灵魂是一方面，保持洁净是另一方面。从污浊之中修复与保持不再被污染并非一回事。当它确定地把握住真理，它朝向上帝，也就是朝向对真理本身的凝视。真理——最高的并且是最隐秘的，奖励给那些付出过的人。

现在，试图理解真的和正确的事物是灵魂最高的凝视。此外没有更完美的、更高贵的、更真实的，这是灵魂的第六等级。一方面，灵魂的眼睛看待事物时不会模棱两可；另一方面，这样有利于保护和增加眼睛的健康，可以持续且冷静地盯着被看的事物。在被真理之光净化和拯救之前，他们认为世上不存在好，只有恶。以真理之名，他们回到了黑暗的洞穴之中，忍受黑暗，因为他们病了，并且咒骂那唯一能拯救他们不悦的方法。受到圣灵感应，先知说道："神啊，求你为我造清洁的信，使我里面重新有正直的灵。"（《诗篇》51,10）这个精神是正确的，如果灵魂能保持对真理的追求，远离错误与歧途。这样的精神不会在人之中得到更新，除非心灵被洁净，也就是说，除非他抑制他的想法，并且从尘世的牵绊和污浊之中脱离出来。

美中之美 | 　　灵魂的第七个等级就是对真理的直观和凝视，在此之后已经无法继续攀升。这是灵魂栖息之地，跨过层层等级所抵达的地方。我应该如何表述，这里的愉悦是怎样的呢，对最高和最真实的善好的安享，这是"永恒澄明的呼吸"？（《九章集》1,6,7）这是伟大的灵魂能够宣称的奇迹，这是它能言说的伟大，我们相信，灵魂注视了也正在注视着这些事物。

　　虚空是借口，空的事物是错的，或是欺骗

性的，或是两者兼有。尽管可见的事物是被上帝所造，也美得令人称赞，但是与不可见的实在相比，它们就是"无"。通过这一点，我们可以知道，我们所信仰的东西是多么真，我们为教会所滋养。保罗给我们讲过"奶"的价值，当人需要被母亲喂养的时候，奶很有价值，但是当人长大后还要吃奶，就是一件羞耻的事情了。如果在需要的时候却没有，就较为可惜。我们随时随地都可能发现其中的错误并认为这是不虔诚的征兆，并以恰当的方式解释它，告诉众人这才是善和仁慈的证明。我们看见身体本性对神圣律法的服从，经历了不同的改变和变迁，我们甚至认为存在身体的复活，正如我们所确信的太阳在落下之后会照常升起。

此外，无论从哪一方面来看，对真理的凝视都是充满喜乐的，如此纯洁、真挚并充满了信仰的确定性，这不禁使得人们认为他们之前所学所想的知识不过是一场空。死亡，这一人所畏惧的对象曾经是灵魂与真理合一道路上的最大阻碍，但现在逃离身体的死亡可以被看作是最大的福气。

我们所探讨的是灵魂的能力。事实上，灵魂有能力同时完成所有的这些行动，尽管有人可能认为灵魂只有在付出某种努力或比如在害怕的时候才行动。与其他的活动相比，它需要更多的注意。如果要把这些告诉其他人，给其命名的话：第一，生命；第二，感官；第三，艺术；第四，美德；第五，宁静；第六，进程；第七，凝视。它们也可以被这样命名："属身体的""通过身体""关于身体""朝向自身""在自身之中""朝向上帝""在上帝之中"；抑或是这样的，"他者的美，通过他者的美，关于他者的美，朝向美的美，在美之中的美，朝向美本身的美，在美本身中的美"。

理性的存在

没有灵魂的物体，比有生命的物体要低

奥古斯丁："仅仅存在而没有生命和理性的物体——没有灵魂的物体，比有生命的物体要低——没有理解力的动物。动物的本性比人要低，因为人不仅存在，而且有生命和理解力。在我们之中，你能找到什么比理解力更能使得我们的本性完满吗？显然我们有身体，其他有的生命体一样也有身体。

我承认动物也有生命，但是动物没灵魂的'眼睛'——称之为理性或是理智。在你看来，是否有什么比理性更优越的人类本性？"

埃夫蒂乌斯："我认为不存在了。"

奥："设想我们能够找到不仅存在，而且比我们的理性更为优越的事物。你是否会怀疑它就是上帝？"

埃："即便我们找到比我的本性更高的存在，我也不会立即认为它就是上帝。上帝不能低于我的理性及其他一切事物。"

奥:"因为上帝给了你理性,你思考他并崇敬他。但我问你,如果你发现只有永恒不变的事物高于我们的理性,你会否认它就是上帝吗?你知道物理事物是变化的,有生命的身体也因不同的情境而变化;理性也是会变化的,因为它有时追求真理,有时没有追求;有时达到了真理,有时却失败了。设想理性自身看到某种永恒的和不变的事物,无须借助身体器官——不需要触觉、味觉和嗅觉;无须听觉和视觉,也不需要任何低于理性的感觉。理性必须承认比永恒的和不变的存在更为低级。"

埃:"我愿意承认,无物会高于上帝。"

奥:"非常好。我现在要解释你所承认的就是上帝——如果还有更高者,它仍然是上帝。不管有没有更高的存在物,上帝总归存在而且高于理性。"

埃:"那么请证明吧!"

奥:"首先,我要问你的是,我的身体感官与你的是否相同,或者说我的是我的,你的是你的。当然是这样的,如果不是这样的话,我将不能看到你没有看到的东西。"

埃:"我完全同意,尽管我们的感官感觉是同类的,但是我们有自己的视觉,听觉,等等。这就是为什么有的人能够听到其他人未能听到的。事实上,每个人都能感觉到其他人未感觉到的事物。所以,你的感觉和我的感觉是完全不一样的。"

奥:"在内感官的层面,你也会如此认为吗?"

埃:"几乎是一样的。我的内感官和你的内感官是有别的。所以我经常被人问及我是否看到了他所看到的。我仅感知到我所看到的,而不是提问者所看到的。"

奥:"理性呢?每个人都有自己的理性,是吗?有时候我所理解的,你不理解,而且你不知道我是否理解,我也不理解你是否理解。"

埃:"看起来每个人都有自己的理性。"

奥:"不过难道你会说,我们每个人都有自己的太阳或月亮?即便每个人都是通过自己的感觉来获知的。"

埃:"我不会认同这样的说法的。"

奥:"所以,我们很多人能够同时看到一个事物,即便我们依靠的是自己的感觉。关键在于,尽管我的感觉与你的感觉不同,我所看到的与你所看到的不一样,但是这一事物被我们同时看到。"

埃:"确实如此。"

…………

奥:"现在需注意。告诉我:我们是否发现所有的理性存在物,通过使用理性或是精神,看到了共同的事物。也就是说,这是呈现给所有人的事物,而不是像食物和饮水那般私人的使用。无论人们能不能看到这些共同的事物,它们本身都不会被破坏。你可能找到了很多诸如此类的事物。"

> 只有在真理之中,至善才能被认识和理解

埃:"我看到了很多这样的事物!需要提及的是:数字的本性和真理存在于每一个理性存在物中。每一个计算的人都试图用理性和理智来理解它。有的做起来简单,有的则容易。但是对于每一个理解的人而言都是一样的。当人们认知它的时候,它保持不变,不会转化为认

知者，如同食物那样。它也不会因为某人犯错误而受到任何的影响。无论人们的认知如何，它本身是真的而且保持不变的。"

奥："完全正确！你很快就找到了我们日常生活中处处可见的答案。但是可能会有人认为，灵魂中的数字并非天生的，而是通过身体感官与外在事物的接触而形成的，就好像是对外在事物的'图像'似的。你会接受这一反驳吗？"

埃："我不会认同。假设我的数字观念从身体感觉得来，但是身体感官不能让我进行加减运算。理性之光让我知道其他人的数学计算是对的还是错的。我不知道我的感觉印象，如对大地天空的印象，可以持续多久。但是我知道3加7等于10是永远的。因此，我才声称数学真理对我和其他理性存在者是公共的。"

…………

奥："但我问你，你如何看待智慧？你认为每个人都有自己的智慧吗？还是说，你认为存在着一个共同的智慧，越是参与它，就越智慧？"

埃："我不知道你所说的'智慧'的意思，因为我发现人们对智慧的说法和行为观点不一。

那些在军队中的人被看作是智慧的；那些拒绝服兵役，而投身于农作的人也被看作是智慧的；有的人精于赚钱而自认是智慧的；有的人超然物外，一心寻求真理、认识上帝，认为这是智慧的礼物；有的人不愿在闲暇中追求真理，而是投身政治关心民众，他们认为这是智慧的；有的人有时沉思真理，有时投身政治，关心社会，他们认为这是智慧的。每一个不同的派别都认为自己比其他人要智慧。我们曾说过要说出理性所认识的，而不是我们单纯所信仰的。我无法回答你的问题，除非理性为我的信仰做辩护。"

只有在真理之中，至善才能被认识和理解

奥："难道你不认为智慧是真理，在其中，最高的善能被认识和理解？你刚刚提到的所有的人都追随着不同的事物，趋利避害。每个人所认为的好的事物是不同的。有的人追求不应追求的事物——尽管那显得对他们来说是好的——这样的人往往处于错误之中。有的人不追求任何事，有的人追求应当追求的，都不会陷入错误之中。在某种程度上来说，所有的人都追求幸福，这并非错误。但是有的人离开了通往幸福的正确路径,即便他们想要得到幸福。'错误'指的是追随那些无法通向我们想要达到的目标的路径。

　　有的人,生命之路的错误越多,他的智慧就越少。因为他远离真理。只有在真理之中,至善才能被认识和理解。追求和获得至善的人才能幸福。所以,正如我们想要幸福,我们也想要变得智慧,没有无智慧的幸福,我们也把这真理称为智慧。在我们幸福之前,幸福的概念就已经印在了我们的脑海中;也正是因为这一幸福的概念,我们知道而且确定地认为我们都想要幸福。智慧的概念也是这样的,它在我们变得智慧之前就已经印在了我们的大脑之中了。正因如此,所以当人们被问起是否愿意变得智慧时,他们都会承认。"

精神向上探求

因柏拉图主义的著作，我反求诸己。我进入最内在的城堡，我之所以能做到此是因为有了你的襄助。凭借灵魂的眼睛，我往上凝视，灵魂的眼睛发现了高于我精神的不同的光——并非日常人人所见的光，也并非能发出更强的以充满一切的光。它不同于任何我们所知道的光，它高于我的精神，并不是油漂浮在水面的意义上，也并非天空高于大地的意义上。它高于我，因为它创造了我，我低于它是因为我为它所造。认识真理的人认识这光，认识它的人也认识永恒，唯爱方可认识它。永恒的真理、真正的爱以及被爱的永恒：你是我的上帝。我昼夜叹息，当我最初认识你的时候，你抬升我并让我知道我所看见的是存在，而我所看见的那一位并非存在。因你的强光，我微弱的视力无法忍受，在爱与惧之中，我颤抖着。

记忆的力量

记忆的伟大

记忆的力量多么伟大,我不知道它究竟有多么浩瀚。谁能抵达它的深渊?这一力量是我的精神,它属于我的本性,但是我不能理解整个的我究竟是什么。难道是因为精神的自我封闭以至于它不能自我理解吗?无法理解的部分不在精神之外,而是在精神之内。但是为什么精神不能被理解呢?这个问题令我费解且惊异。人们因山之高、海之浪、河之宽、海之广,星辰的变幻而赞叹不已,但是他们对自己毫无兴趣。尽管我没有看到过这些事物,但我仍然可以谈论它们时,他们竟对此没有任何的惊奇。此外,我也不能谈论这些,除非在我的心里所看到的山、浪、河、星以及大海与我实际所看到的是一样的。但是当我在看它们的时候,我并非用我的眼睛将它们映入我的脑海,在我脑中的也并非实际的事物,而只是关于它们的图像。借此，身体的感觉被印在了我的精神之中。

记忆的力量多么伟大，多么奇妙神秘，充满丰富且无限多样性的力量。这就是精神，这就是我。主啊，我是谁？我的本性是怎样的？记忆充满多样性，容纳了不同形式的生命。看，在我的记忆之中，有着数不清的风景、宝库，保存着数不清的事物。有的通过图像来呈现，比如物理性的事物；有的则是直接地呈现，比如知识性的技巧；有的则是不可定义的概念或是某些印象，比如情绪。即便精神没有经历它们，但是记忆保留了它们，终究在记忆中的事物也在精神之中，因为在记忆中的事物也在精神之中。我越过一切事物，在其中来回地探索，不断挖掘，尽我之所能，但仍未到达终点。

记忆的力量如此伟大，可朽的生命是如此伟大！我应该做什么呢？我的理论，我的记忆，我想要穿过一切，为了达到你——甘美的光。你对我说了什么？在精神之中，尽管我攀升向你，但你仍超乎于我，我想穿过一切我的力量，我的记忆，只有从这里出发，我才能触摸到你、依附于你。

我要跨过我的记忆寻求到真实的善可靠的甘美

飞禽和走兽也有记忆力,否则它们找不到自己的巢穴,这是它们所习惯的。正因为记忆,它们才有这习惯。所以我想要透过一切记忆,是为了接触那位"教训我们胜于地上的走兽,使我们有聪明胜于空中的飞鸟"(《约伯记》35,11)。

我要跨过我的记忆,为了寻求到你,真实的善,可靠的甘美——啊,我要从何处寻找你呢?我若在记忆之外寻找你,我便没有思考你。我如何寻找你,如果我没有记得你?

失去了一块钱的女人也知道要点灯去找。除非她曾记得它,她是不会找到它的。如果她不曾记得它,她如何确定这就是她丢失的那一块钱?我回忆起我曾经寻找并找到的事物。当我找到某物时,有人问我:"可能就是这个?或者就是这个?"我回复道:"不是。"直到我所找的被发现。如果我不记得它曾是什么,即便有人将其带到我的跟前,我也认不出。当我们寻找和找到失去的事物的时候,总是有这样的情形。如果某物,比如某个可见的物体消失了,它并没有从记忆之中消失,我们"保存"

了它的图像并且一直追寻它，直到它重新被找到。当它被找到时，是被内在的图像认出来的。除非我们认出了，不然我们不会说我们找到了失去的东西，我们若对它没有记忆，我们是认不出来的。眼虽不见那事物，它却留存在了记忆里。

在记忆中寻觅上帝

当我爱上帝的时候，我爱的是什么呢？比我的灵魂还要高的又是谁呢？我要攀升至它。我要克服那使我囿于身体的力，克服与我的生命有关的力。因为这个力的拉扯，我无法找到上帝，我认为它是马或是骡子。它们没有理解力，但是这个力给了身体生命。我还有其他的力，它不仅能够给了我的身体生命，而且使我的身体有了感觉，上帝将它赋予给了我。上帝使得眼睛不能听，耳朵不能看；上帝使得我可以看，使得我可以听。他给了每一种感官本有的能力。虽然我有的感官有着不同的活动，但是我的精神保持着统一。我要超过自己的力量，马和骡子尚且可以通过身体感受。

我要超越本性，层级向上，朝向你——造

了我的你；我要进入记忆的宫殿和领地。那里珍藏了无数的图像，它们都是从感性的事物之中获得的。我们通过扩大、缩小或是某种方式改变我们的感知，所有我们思考的事物都被保存在记忆里。没有遗忘的事物都被确保而储存。我步入记忆之中，唤醒所有的图像。有的很快就出现，有的耗费的时间更长，好像是从隐秘的洞里被提取出来似的。当我想要追求其他事物的时候，它们冲出来想引起我的注意，好像在问："你所寻找的是我吗？"但是我借助记忆将它们搁在一旁，等待我所想要的事物的出现。其他的事物在我的呼唤下就轻易地被唤起，依次出现。先前出现的事物，给后来出现的让位，消失、保存，又重新出现。当我在记忆之中叙述的时候，所有的这一切就上演了。

> 幸福，被所有人追寻，也为所有人所知

我如何寻求你呢？当我寻求你的时候，我就是在追求幸福生活。是的，我要追寻你，我的灵魂才能得以生活。因为我的身体依靠我的灵魂，我的灵魂以你为生。我如何寻找这幸福的生活呢？在我说"足够了，这就是幸福生活"

之前，我还尚未拥有幸福生活。

首先，我必须确定的是，我应该如何追求幸福生活。我追求幸福生活难道是因为我对它的回忆吗？我可能遗忘了，但是我还能知道，我似乎遗忘了什么。还是说，我对幸福生活的追求是基于我对未知事物的本能冲动？但无人会反对，人人都愿享幸福生活。他们从哪里认识并愿享幸福生活的呢？他们曾在哪里目睹过并追求幸福生活？我们肯定以某种方式拥有了幸福生活，但是我不知道我们以怎样的方式获得了幸福生活。

存在着不同的拥有幸福生活的方式：有的人获得幸福，有的人在希望之中是幸福的。后者所拥有的幸福比前者的在量上更少，但仍然强于那些既没有在现实之中获得幸福，也没有在希望之中获得幸福的人。他们以某种方式拥有了幸福，否则他们不会想着追求幸福。

我不知道他们是如何认识幸福的，他们获得了何种意义上的关于幸福生活的知识。我只想知道，幸福是否存留在记忆中。我现在想探究的并非单个人的人是不是幸福的，我想探究的也并非源自犯罪的亚当是否处于罪后的苦难之中。我想探究的是，幸福是否在我们的记忆之中。如果我们不曾认识幸福，我们是不会爱幸福的。

当我们听到"幸福"这个词的时候，我们都会承认，我们愿享的是幸福本身，仅仅这个词的发音并不会使得我们愉悦。因为当希腊人听到"幸福"的拉丁语单词时，他们不会感到愉悦，但是他们听到希腊语时，会感到愉悦。说希腊语的人、说拉丁语的人以及其他各种语言的人都要追求幸福。人人都愿享幸福，当他们被问到是否愿享幸福时，他们会毫不犹豫地赞同。如果他们没有关于幸福的记忆，就不会追求幸福。

回忆幸福

回忆幸福——就是如同回忆迦太基这座城市那样吗？不是。我们无法用肉眼看到幸福，因为幸福并非物体。回忆幸福就如同我们回忆数字那般吗？不是，因为往往那些拥有知识的人还没有拥有幸福。为了幸福，我们认识它、热爱它并努力实现它。

我们对幸福的回忆如同我们对修辞术的回忆吗？不是，尽管当我们听到"修辞学"这一词语时，人们会认为自己尚未掌握这一技能，并想要学习它。这一现象似乎表明了他们之前就有了关于修辞学的知识。他们对修辞老师的课堂感到了某种快感，他们佩服修辞师的技巧而想要跟着老师学习，他们对修辞学有兴趣，想必也是因为他们的内心对它有所意识。如果他们不想学修辞学，也就不会产生学习的快感。但是这不适用于幸福生活，因为我们既不能借助身体获得幸福生活，也不能从他人那里获得幸福。

我们对幸福生活的回忆就像是对快乐的回忆一样吗？可能是的。当我悲伤的时候，我依然可以回忆快乐的往事；当我不幸的时候，我也依然可以回忆幸福；当我感到快乐的时候，我不是依靠身体看、听、闻等方式把握我的快乐，而是在精神之中感受快乐。我的记忆保存了有关情绪的知识，以至于我可以回忆它们，有时候带着憎恨，有时候带着渴望。过去对一些可憎的事情感到快乐，现在回想起来是多么可耻；

有的事情失去了不再回来了。我对以往的快乐感到悲伤。

但是,我在何处、何时就认识了幸福,以至于我现在仍爱着、回忆并熟悉它呢?难道仅仅只是我一个人或是少有的几个人如此吗?绝不,所有人都想要幸福。要不是因为我们有了确定的知识,我们是不会凭借如此确定的意志寻求幸福生活的。

但这又意味着什么呢?人们若问两个人,他们是否愿意成为士兵,有可能其中一位愿意,另外一位不愿意。但是如果问他们是否愿意幸福,他们无疑都会回答愿意。正是因为追求幸福,其中一个愿意从军;同样也是追求幸福,另外一个人不想从军。他们在不同的事物上享受着不同的快乐,不是吗?他们以之为乐的是幸福,而并非欢愉,对此他们都会同意。其中一个以一种方式,另外一个以另外一种方式,但是目标只有一个,就是快乐。所以当我们听到"幸福"这个词的时候,我们又在回忆之中认识了幸福。

真正的喜乐

你与你仆人心灵的距离是多么遥远,我应该向你忏悔,因为每当我仅为自己的所得所失感到喜悦时,我就认为自己是幸福的。然而,有一种快乐,没有神就不能存在。超越自我之爱的爱才值得保留下来,他们的喜乐是你自己。这才是真正的幸福:以你为乐,在你之中,为了你而乐。除此之外,并无其他的喜乐。谁如果将喜乐视为他物,就不是真正的喜乐,他们无法摆脱这种快乐的影像。

然而人人都愿享幸福并非确切,因为并非所有人都以你为乐。你才是幸福的生活,但是他们没有真正愿享这一幸福。于是他们只能做他们能做的,而且满足于此;他们不会争取那些他们本应做的事,化不可能为可能。我若向着所有的人提问:人们更加想要真实还是想要错误?他们都会说想要真实。他们也会毫不迟疑地回答,他们愿享幸福。幸福生活就是真理之乐。你——上帝,你就是真理,你是我的光,我的面容,我的上帝。每个人愿享这样的幸福生活。这就是每个人所愿享的幸福生活:所有的人都以真理为乐。我认识很多人,他们只想骗人而不希望自己被骗。他们从何处得知了幸福生活呢,或者他们从哪里认识真理了呢?他们热爱真理,不想被骗。如果他们认识以真理为乐的幸福生活,他们也爱真理。如果他们不爱真理,就无法获得关于真理的认识。为什么他们不爱真理呢?为什么他们不以真理为乐呢?因为他们关注其他的事物,这些事物使得人不幸,但是仍然有微弱的光照耀在人类的旅途上。他们应该奔跑,奔跑吧,"不要被黑暗笼罩"(《约翰福音》12,35)。

但是,为什么"真理会产生仇恨"?如果人们热爱以真理为乐的幸福生活,为什么说出真理的人反而成了他们的仇敌?(《加拉太书》4,16)仇恨由此而来:所有的人爱真理,但是爱其他事物胜过爱真理的人认为他们自己所爱的就是真理。他们既不希望自己被骗,也不希望自己的欺骗行为被他人定罪。正是因为他们爱真理之外的其他事物,故而他们憎恶真理本身。他们爱真理的光,但他们不希望被真理之光谴责;他们自己不想被骗,但是想骗其他人。当真理显现给他们的时候,他们爱真理;

当真理的显现与他们作对的时候，他们就憎恶真理。因此，那些不愿被真理反驳的人无论他们是否愿意都将被真理揭露，而且无法看到真理。人类的精神是多么盲目和懒惰，他们想要藏匿在卑鄙无耻中，却不想被蒙蔽。在这种情形下，人们想要获得真理，真理却不显现。哪怕在这不幸的处境之中，人们还是愿意在真理中而非在错谬中寻找喜乐。只有一心寻求真理，以之为乐，才会是真正幸福的。

我要全心全意投入你，不再痛楚与劳累

看，我在我的记忆中寻找你。除此之外，我无处寻觅你。自打我认识你起，我所找到的关于你的事物都是从我的记忆里挖掘而出的，我从未遗忘过你。在我寻找到真理的地方就是找到了我的上帝，自我认识它以来，我就从未忘记。自你停留在我的记忆之中，我便在那里寻求你，当我思考你并以你为乐的时候，这就是我神圣的享用。你将它馈赠于我，充满了仁慈，改变了我的困苦。可是你住在我记忆的何处呢？你在哪里呢？你在我的记忆中建立了怎样的休憩所呢？你建立了怎样的圣殿呢？你赋予了我记忆的荣耀,你居住在此,你究竟居住在哪一部分呢?我思考着这些问题。我试图唤醒对你的记忆,我超出与动物所共同拥有的记忆部分,因为在身体的影像之中我找不到你。紧接着我来到了我灵魂储藏情感的部分,我依然找不到你。最后,我来到灵魂回忆的地方,我看到灵魂自己在回忆自身。但是你也不在那里。你既不是身体的图像,也不是诸如喜、悲、欲望、害怕、回忆、遗忘或诸如此类的生活状态。你也不是灵魂本身,你是灵魂的主和上帝。上述种种都是变动的,但你是不变的,在万物之上。自从我认识你以来,你竟谦谦然临在居住在我的记忆之中。我探寻你的居处究竟在哪里,似乎在我记忆的"居所"?你确切地就在记忆中。为自从我认识你开始,我就对此有所回忆。当我在记忆之中思索你的时候,我就在记忆之中寻找你。

为了认出你,我曾经在哪里找到过你呢?在我认出你之前,你曾在我的记忆之中。为了认出你,我曾经在哪里找到过你?在哪里,难道不是在超过我的你之中吗?无处可寻。我们远离自己，我们彼此靠近，可是无处可寻。真理，你无处不在，在所有追求你的人的身边。尽管他们以不同的方式追寻你，你都给出同样的答案。你的回答很清晰明了，但听者不能很好地把握。每一个人都追问着他们所想的东西，但他们不能听到他们想听的。你最好的仆人，并非倾听他所想听的，而是想听你所言的。

> **我奔向你所创造的其他的事物之中**

你是美、永恒与新，随后我爱上了你。看，你在我之内，我却向外追寻。我奔向你所创造的其他的事物之中。你与我同在，我却远离你。在你之内，有着不曾有的美，我却远离了你。你召唤了，你呼唤了。你治疗了我的耳聋。你就像一道光，照亮了我，驱赶我的盲目。你是我的美肴，我渴求你，我现在急需在你之中寻求和平。

我要全心全意投入你，不再痛楚与劳累。我的生命将因你而有活力，凡是你所充满的都将被你提升。可是，现在的我仍未被你提升，我仍在困苦中。我应该为之哭泣的快乐，应该感到快乐和忧苦之间存在着斗争，哪一方获得了胜利，我还不知道。恶之过往的懊悔与对美好喜乐的记忆之间，也在斗争着，哪一方获得了胜利，我也不知道。

主啊，请怜悯我！我是多么不堪。我没有隐藏我的伤口，你是医生，我是病人；你怜悯，我穷困。我们尘世的生活不是唯一的努力吗？谁想要艰难与险阻呢？你命令人去承受它们，而不是去爱它们。尽管有人承受了这些，却无人爱这些。

在不幸之中我渴望着成就，在成就的喜乐中我害怕不幸的降临。这两个极端之间难道就没有中间的道路吗？世间的成就应被咒骂，既要担心不幸的到来，也会耽于成功的腐蚀。不信也被诅咒，不仅因为对成就的苦苦追求，也因为不信自身的艰难，以及忍耐坚持的瓦解。难道人类生命需要一直承受这困境吗？

V

幸福与德性

在斯多亚的传统中，德性等同于幸福。受这一传统的影响，奥古斯丁也极为注重道德。通过爱的概念，奥古斯丁重新定义了古希腊的四主德——正义、节制、勇敢和智慧。同时，在四主德的基础上，奥古斯丁也引入了基督教三美德——信、望、爱。

对德性的界定与讨论

德性就是爱。(《书信》167,15)

德性就是正直或完满的理性。(《独语录》1,6,13)

什么才是正确的生活？什么才是朝向幸福的正确生活？热爱德性、智慧与真理，全心、全灵、全意地热爱德性。

德性使灵魂达至完满。但我们仍需追问，德性是独立存在还是存在于灵魂中。为此我们需要进一步讨论。

德性要么独立于灵魂而存在，要么存在于灵魂之中。灵魂为了获得德性而始终追求着某物。它所追求的要么是灵魂自己，要么是德性，要么是某种其他的可能性。如果灵魂追求自己，那么它就是在追求某个愚蠢的事物，因为灵魂在获得德性前尚是愚蠢的。追求的人希望实现他们所追求的目标，如果说灵魂追求自身，它要么不希望自己实现他所追求的事物（这是荒谬的），要么它获得了它本想避免的愚蠢。但如果灵魂追求德性并欲拥有德性，它为什么要追求尚未存在的事物呢？或者，灵魂如何追求它已经拥有的事物？所以，要么德性在灵魂之外，要么，如果我们把智慧看作是智慧灵魂的内在习惯或倾向，灵魂就必须追求其他的事物，以便于培育德性。它既非虚无，亦非愚蠢，虚无和愚蠢都不能帮助我们达到智慧。

四主德

《书信集》中的四主德

这些德性才是真德性,它们臻于完美并给你带来了真正的幸福生活——永恒的生命。在永恒的生命里,智慧不再需要区分善恶;勇气不再需要忍受我们不喜欢的事物,因为永恒的生命里只有爱;节制不再需要克制欲望,因为那时的欲望已经无法诱人;正义也不再是协助那些需要帮助的,因为在那里没有穷人和需要帮助的人。在那个世界,只有一种德性,它既是德性,也是对德性的奖赏。这将是完全的和完满的智慧,而且它将是真正幸福的生活。当然,获得永恒和最高的善,永远亲近它是目标;永远认清善并不会遗失它,是智慧;永远坚定地亲近善是勇气,不会被损坏;永远地亲近善不会被腐蚀,这就是节制;全义地亲近且臣服于至善,这就是正义。

《论音乐》中的四美德

老师:"我想问的是,他如何从那些事物的沉思中堕落而又待在记忆中被唤醒?或者,那些朝向别物的灵魂需要转向吗?"

学生:"我认为灵魂需要转向。"

老师:"现在让我们来看看什么使得人们从对最高且不变的'同一性'的沉思之中转向。我看到了三种可能性,灵魂要么注意和与同一同等的,要么就是朝向比'同一性'更高的或是更低的存在。"

学生:"我想只需要讨论其中的两种,因为没有什么比永恒的同一更高。"

老师:"你看到有什么和同一是相同的吗?"

学生:"没有。"

老师:"那么唯一的可能就是低等的存在引诱了他。难道你不认为,灵魂虽然认识同一的不变性,但是也知道自身的可变性。所以,它所直观到的有时是同一,有时候是别的。故而,它有时追随时间性的变化,在其中不存在永恒和不变性。"

学生:"我同意。"

老师:"心灵情感或运动可以认知永恒,并

且认识到时间就是永恒的对立面，并且低于永恒；借助心灵的情感或运动我们认识到什么是更高的存在，我们应该追求更高的存在而非较低的存在：在你看来，这难道不是明智的吗？"

学生："是的。"

…………

现在，我们对此取得一致：当心灵知道应在何处停留时，就意味着明智。通过节制，即通过朝向上帝的爱——圣爱，远离尘世的事物，与勇气和正义一起。当心灵将错综复杂的幻象从记忆之中剥离，通过完全地圣化与身体的复活实现圣爱充盈。你认为——我想问——这些美德，让我们在记忆之中的美德，将来是否还能存在？

我无法理解，如果美德所对抗的阻力都不存在了，哪里还有什么明智呢？明智不就是在对抗之中选择追随的对象；节制不就是在对抗之中避开阻力；勇敢就是忍受阻力；正义就是在对抗中也要与最幸福的灵魂等同，并且统御低级的自然。尚未达到它所追求的。

你的回答非常难以理解，我不否认确实存

在很多这样的学说。但"我们看见""认识你"等不能和明智分开。如果没有明智,心灵能够看到和知道真正的善好吗?

学生:"我理解了。"

老师:"心里正直的人,难道得不到公义吗?"

> **自由就是远离骄傲,并在永恒之中亲近上帝**

学生:"我想起来,正义应该如此命名。"
……

老师:"先知继续写道'不容骄傲人的脚践踏我'(《诗篇》36,11)。'脚'意味着远离或堕落。自由就是远离骄傲,并在永恒之中亲近上帝。"

学生:"我认同。"

勇敢这一德性被保留下来了。诱惑针对自由意志的疏忽,勇敢则针对使那些不够坚强、容易放弃、陷入不幸的人。《圣经》之中有"手"的比喻。那些恶人就是用的这一力量!所以心灵依靠勇气而坚固,借助上帝的堡垒得到保护,不再被打扰。它增长且持续着,不可被伤害,这就是勇敢。"不容凶恶的人的手驱赶我。"(《诗篇》36,11)

但是,这句话是否可以以其他的方式被理

解：你会否认，以完满和幸福为根基的灵魂看到了真理，并且保持了纯洁，不知辛苦，委身于上帝，超过其他的自然物。

学生："否则灵魂不会如此完满和幸福。"

老师："所以，（对真理的）沉思、圣化、不为所动及灵魂的秩序，要么是完满状态下的四主德，要么是灵魂使用的能力。灵魂在永恒的生命中期待着实现它们。"

…………

现在让我们回顾一下，在上述的讨论之中什么是不可缺少的：一切都是根据上帝的预知而发生的，上帝通过预知创造并引领万物，哪怕是有罪和悲哀的灵魂也根据数字运动——肉体的堕落也遵循此运动。尽管这些数字能够远离美，但是不能完全没有美。至美及至正义的上帝不吝啬对那些处于痛苦之中，在逃离或者犹豫的灵魂给以他的美。

数字从"一"开始，"一"因为相等和相似而是美的，并且被置于秩序之中。那些认识了存在的本性并且追求一或与一相似的人、遵循自己应有之序的人必须认识到，所有的事物从

"一"而来，因它的善好与形式和"一"相似，在爱中相遇。

四美德

德性并非天生就有，而是学习的结果。在人事中，德性享有最高的存在，它与恶行进行较量。德性不在我们之外，而在我们之内；它不是他人的，而是属于我们自己的。希腊人把这种美德称之为忍耐，它限制肉欲，预防精神对邪恶的认同。我们不能断定我们心中没有恶行。

只有当灵肉不再相争，我们才能达于完满。尽管我们努力达到这样的状态，但是我们在此生依然无法实现。只有在上帝帮助的前提下，精神才不会屈从于肉体，我们也不会默许肉体的罪。只要内在斗争依然存在，我们就不能认为我们实现幸福了。谁会认为我们心中没有肉欲的斗争呢？

被人们称之为明智的美德是什么？它的作用在于区分善恶、避免错误。这难道不是恰好证明了我们正处于罪恶之中吗？出于明智之故，我们有了恶的知识，忍耐令我们不要认同恶，然而这两者都不能帮助我们在此生摆脱恶。

正义是给予每人所应得的，人也享有正义。人服从于上帝，肉体服从于灵魂，灵魂与身体服从于上帝——难道这个美德没有表明我们正朝着这个目标前进，还未实现吗？灵魂或多或少隶属于上帝，正如它或多或少在思考上帝；肉体或多或少隶属于灵魂，正如它对灵魂的反抗。所以，正如我们被这一软弱性所统治，对于这一烦恼、这一疾病，我们如何敢宣称我们已经得救了？如果我们并未得救，我们何以认定我们正在享受幸福？

勇敢的美德恰恰是此世苦难存在的最有力证明，因为人们被迫忍受此世的疾病。我无法理解的是，斯多亚学派的哲学家们一方面认为现世存在的恶并非真正的恶；另一方面他们又认为，如果智者无法承受这现世的恶可以选择自杀。但是这些人相信在此世可以获得至善，因自己可以获得幸福，他们所刻画的智者是幸福的，尽管他们会变瞎、变聋、变哑、变得残疾，痛苦，并且不得不承受不幸；面对这充斥着罪恶的世界，他们竟然认为此世就是幸福的。

这是哪门子的幸福生活！竟然有人用寻死来逃离它！

如果世界是幸福的，请让智者们继续苟活；如果这些事情战胜了勇敢，并且令勇敢之人屈服，并使人疯狂，他们一方面认为这是幸福的，另一方面又认为人们应该逃离这个世界，这怎么可能不是恶的呢？如果此生是幸福的，谁会如此愚蠢地认为人们应该逃离呢？但是他们认为逃离此生不过是软弱的表现。为什么他们不能放弃他们的骄傲认为此生就是恶的呢？我想追问的是，加图（Cato）因坚毅抑或软弱而选择了自杀，如果他不这样做，他不可能如此软弱地承受恺撒的胜利,他的勇敢表现在哪里呢？他投降了、屈服了，他甚至想要逃离幸福生活。难道他不再幸福了吗？所以此世是悲惨的。但是，如果此世没有邪恶，是否还是一个值得逃离的世界？

越骄傲，就越悲惨

那些认为此生是恶的哲学家，比如逍遥学派和老学园派。如果他们辩护称，人们可以通过自杀来解救的生命是幸福的，他们就犯下了错误。"身体的折磨与烦恼是恶的，"瓦罗说道，"为了摆脱此间种种，人们应该结束生命。""结束什么生命？"我问道。"结束此生的生命，"他声称，"此生为诸恶所困。"如果我们需要逃离充满诸恶的此生，它还能是幸福的吗？抑或说，你称之为幸福，是因为你可以自主选择离开此生？但如果某种神圣的律令让你继续生活在邪恶之中，不能选择逃避呢？当然在这种情况下，你会称这种生活是不幸的。如果不幸并非长久，这并不能算得上不幸——更加悖谬的是，不幸不会长久，反而被认为是幸福的。

在这些哲学家看来，这些邪恶具有如此大的力量，它们迫使人自杀。他们认为自然的最初本性就是远离死亡，在身体和灵魂的和谐之中生存。但邪恶的巨大力量却打破了人自我保存的本性，让人选择自杀！这样一来，这些力量使得勇敢这一美德成为谋杀者——若勇敢仍然被称作勇敢，勇敢本来是统治和捍卫，但如今被恶所击垮，成了自杀的帮凶。承认智者认为应该承受死亡，但是他们所认为的死亡并非自杀，而是来自外界。但是，如果哲学家认为，人被迫自杀，那么使其自杀的不仅是恶，更是无法承受的恶。

但我们若盼望那所不见的，就必忍耐等候

如果这一生充满了各种恶，并且隶属于无常的命运就不可能是幸福生活；如果这些人说他们被恶事击垮而选择自杀，向不幸屈服，他们不可能是幸福的。他们不得不向真理屈服，认为在可朽的处境之中无法获得至善。在这样的情形下，所有的美德——在此生没有什么比这更好的人类所有——在表明人在与此生的不幸抗争，因为这些美德帮助人对抗痛苦、苦难与危险。因为真正的美德需要真正的虔诚为前提，它不会声称能够保证人们在此生脱离不幸，而是认为在此生未能获得幸福，在不远的将来可以借助希望获得幸福。如果尚未获救，怎么可能获得幸福呢？

这就是为什么使徒保罗没有谈论明智、勇敢、正义和节制等美德，而是谈论那些虔诚的、拥有真美德的人："我们得救在乎盼望。只是所见的盼望不是盼望。谁还盼望他所见的呢？但我们若盼望那所不见的，就必忍耐等候。"(《罗马书》8,24-25）正如我们被盼望所救，我们也因盼望而幸福。幸福还未曾到来，而是在忍耐之中等待幸福。因为现在的我们被恶所包围，我们必须耐心忍受，直到我们能够实现那难以名状的好，也没有我们所必须忍受的苦难。这样的救赎在将来发生，也是我们的至善。但这些哲学家们拒绝相信这一幸福，因为他们没有发现这一点。所以，他们努力在此生构建自己的幸福，这一虚假的幸福建立在美德之上。他们越骄傲，就越悲惨。

所以，在此生，正义仅仅属于那些服从上帝诫命的人，灵魂统治身体，理性统治恶行，即便身体和恶行不断地反抗着。来自上帝的正义最终会来临，人们感谢上帝的恩典，以为获得了可称赞的行为，或是求得对罪的宽恕，正义将指向终极的和平。它一旦实现，我们的本性将会是不朽的而且不再被污染。此外，不会再有罪恶反抗我们，不管这罪恶是在我们之外，还是在我们之内。所以，我们也不需要用理性来统治恶行，因为那里将没有恶行。但是上帝将会统领理性，灵魂统领身体，我们在那最终的和平之中享有喜乐和满足，这就是我们的幸福之所在。对于每个人而言，这将持续到永远，而且是被完全地确定和肯定。幸福的和平，和平的幸福将会是至善。

德性作为爱的形式

德性使人通往幸福生活，德性就是对上帝完满的爱。我认为四主德可以被看作是爱的四种形式。四主德的定义如下：节制就是将自己贡献给所爱的对象；勇敢就是为了所爱的对象而忍受一切；正义就是为所爱的对象服务，并正义地统治；明智就是区分什么是阻碍的什么是有益的爱。爱的对象除了上帝不可能是其他的，它是最大的善好、最高的智慧、完满的和谐。

现在是时候回到对四主德的讨论了，从每一种德性中，我们可以提出并推导出生活方式。首先我们谈谈节制，它使我们在爱中与上帝合一。我们通过节制控制欲望。我们知道因为欲望我们远离上帝的律法和上帝的善好。幸福生活就是真信仰，对慧观的安享与亲近就是我们所认为的幸福。但是如果人远离这种状态就会陷入错误和悲伤。

现在我们简单谈谈勇敢。刚刚我们谈到，全心全意追求上帝，不以世俗之物为目的就是节制。勇敢就是承受失去世俗之物带来的痛苦。根据上帝正义的律法，在此生所有的事物中，身体因原罪而是最沉重的枷锁。理性也难以理解这一点，除非人解除这一枷锁，灵魂就会始终处于对折磨、痛苦和死亡的惧怕中。尽管有了神的帮助和律法，灵魂出于习惯的缘故依然爱着身体。只有当灵魂在爱中转向上帝，它才会获得知识而不惧死亡。

但是与痛苦之间斗争仍然持续着。没有困难是爱不能征服的。我们所说的爱者从正义里获得生命的规则，他必须全心侍奉他所爱的——最高的善、最高的智慧、最高的和平；至于其他的事物，我们必须合理地管理。

现在我们需要讨论明智这一美德。它告诉了我们什么值得追求，什么应该放弃。没有明智，我们之前所讨论的一切美德都无法被实施。明智告诉我们应该对什么保持警觉，以致不被恶所影响。

奥古斯丁论爱

爱的讨论

使徒保罗所说的爱比其他的两个恩典——信仰和希望——要更加伟大。若某人的爱越多，意味着他存在人之中的爱越多，这个人就越好。当我们问一个人是否称得上好时，我们不问他所信仰的或是他所希望的，而是问他所爱的。如果他正确地爱，那么无疑他也会正确地信仰和希望。不去爱的人只有空洞的信仰，即便他所信仰的东西是真的；他的希望也是空洞的，即便他所希望的东西与真正的幸福有关。尽管没有爱的希望是不可能的，但是人们可能还是会爱对他的希望而言不可缺少的事物——比如说，如果他希望获得永恒的生命（谁不会爱它呢？），但是不爱正义，这对获得永恒的生命而言是必需的。这是使徒保罗所要求的对基督的信仰，通过爱产生效能。信仰依靠祷告得到律法所要求的，但如果没有上帝的恩典及圣灵——

上帝所倾注在心中的爱,即便律法能颁布命令,也无法帮助到人;律法能让人知道自己是不是僭越者,从而不能以无知为借口来推脱。但若没有上帝的爱,肉欲仍存在。

上帝设置了一切事物的尺度、数字与重量

因无知,人们依据肉体生活,没有抗拒理性,这是第一阶段。其后,出于律法之故,人们有了对罪的知识,尽管没有圣灵,人们想要根据律法来克服欲望。人们明知故犯,臣服于罪,服侍罪("因为人被谁制伏就是谁的奴仆"《彼得后书》2,19),律法告知人罪是肉欲之故,是对律法的僭越。经文上写着"不可起贪心"(《罗马书》7,7),这就是第二阶段。但如果上帝顾惜他,人相信上帝的帮助,并努力完成上帝的诫命;如果人受到圣灵的引导,因为更大的爱与肉欲做斗争。尽管在此时在人之中仍有反抗他的力量(他的不坚定之病仍然未能消除),凭借着信仰,只要他不屈服于邪恶的肉欲,他就是过着正义的生活,这是美好希望之人的第三阶段。在这一阶段,通过坚固的虔诚,人在不断进步,在达到此生精神的安宁后便可以实现

最后（第四阶段）的平安和身体的复活。这四个阶段分别是律法之前、律法之下、恩典之下及完满和完全的平安。上帝设置了一切事物的尺度、数字与重量，上帝子民的生命也被上帝所安置着。

第一阶段是律法前，第二阶段是律法之下，律法被颁布给摩西；第三阶段是在恩典下，人依靠中保（耶稣）的到来获得启示。事实上，这一恩典在赐予那些人之前并非缺失，尽管在那一时刻到来前，它是隐蔽的。若没有信仰，无人可以救赎；如果不是先知早已知道基督耶稣，他们不会或直接或间接地表明。

无论在哪一个阶段，重生的恩典与每一个个体有关，所有过往的罪都得以宽恕，过去的罪责也通过重生得以解脱。"风随着意思吹。"（《约翰福音》3,8）有的人没有经历第二阶段，但是在诫命下安享着神圣的帮助。

当人得到诫命前，他根据肉体生活；如果他得以重生，就没有什么可以伤害他，即便到他离世，"耶稣死了，又活了，为要做死人并活人的主"（《罗马书》14,9）。死亡也不会击垮那些耶稣为之而死的人。

> 当爱滋长的同时，欲望也会减少，直到爱无法继续增长

所有神圣的律令都指向了爱，保罗说"这爱是从清洁的心和无亏的良心，无伪的信心生出来的"（《提摩太前书》1,5）。所以，所有诫命的目的都是爱，也就是说所有的诫命都朝向了爱。所有行为要么是出于对惩罚的害怕，要么是出于肉体的动机，这都与圣灵将爱灌浇在我们心中的方式截然不同（《罗马书》5,5）。

这个爱包括了上帝之爱与邻人之爱。"这两条诫命是律法和先知一切道理的总纲。"（《马太福音》22,40）所以，上帝的诫命给出来了——其中之一是"不可奸淫"（《马太福音》5,27）——无论是被命令还是被劝导——"男不近女倒好"（《哥林多前书》7,1），只有以爱上帝，或是因上帝而爱邻人才能够正确地执行，不仅在此生，也是在来生。

现在我们凭借信仰来爱上帝，随后我们凭着眼见爱上帝；现在我们凭借信仰爱我们的邻人。作为必死之人，我们无法捉摸其他必死之人的内心，但是主"要照出暗中的隐情，显明

人心的意念。那时，各人要从神那里得着称赞"（《哥林多前书》4,5）。上帝将其显明后，邻人将会被赞美和称赞。此外，当爱滋长的同时，欲望也会减少，直到爱无法继续增长。"人为友舍命，没有比这个爱心更大的了。"（《约翰福音》15,13）。如果人没有欲望去控制还有征服欲望，来生的爱将会有多么大呢？如果没有了和情欲的斗争，健康将是完美的。

什么是爱

拥有某物就意味着认识某物。但是，拥有金子或是其他物质并非去认识它们，它们也不应该被爱。因为一件事物能被爱，但是不能被拥有，一方面，不仅仅对于那些不应该被爱的事物有效，比如迷人的身体，而且也适用于那些应该被爱的事物，比如幸福生活；另一方面，有的事物可能被拥有，但是不被爱，比如障碍。如果拥有某物就意味着认识某物，那么应该被追问的是，当某人拥有某物时，也就是说当某人知道某物时，他难道不会爱他所拥有的吗？有人学习数学为了挣钱或是取悦他人，一旦他们学习了数学，他们是为了实现自己的所定的那些目标。其他学科也是如此，人们为了拥有它们并非为了求知，虽然这些人拥有了知识，但是他们并不爱知识。

我们不能拥有永恒

如果人不爱善好的东西，这难道不是意味着他还没有完全认识它吗？如果不以其为乐，如何知道它的好呢？如果人不爱这一善好，也不会安享于它。所以，那些不爱应当被爱的事物的人会拥有他无法长期拥有的事物。人们爱幸福生活，认识它就意味着拥有它。

如果事实如此的话，若没有拥有对永恒的知识，幸福生活意味着什么呢？永恒就意味着爱着它的人不会被轻易地失去，拥有就意味着认识。永恒的事物是事物之中最为完美的存在，除非是运用精神，我们不能拥有永恒，而运用理智就意味着认识，但是除非爱着某物，否则它不能被完全地认识。仅有精神是不能认识的，仅有爱也是不能做到的。爱是某种欲求，我们看到在灵魂的其他部分也有欲求，如果这个欲求与理智或是与理性一致，它就允许精神在无尽的平和与宁静之中凝视永恒的事物。

因而，灵魂必须与其他的部分一起，爱是被理性所认知的事物。被爱的事物对爱者施加了某种影响，那么如果被爱的事物是永恒的，因它的影响，灵魂也会是永恒的。所以，幸福生活就是永恒的。

爱是重量

我知道我的爱是多么不够，不足以回到你的怀抱，也不足以完成自我转向并能够栖息在你秘密的处所。我知道，没有你，我的身内身外都会与恶相随。没有了你，拥有的财富也不过是贫乏。无人设想圣父或圣子浮在水面上，人们只能理解身体在水面上，而不是圣灵。

在你的恩典之中，那就是你，我们的喜乐。我们找到了憩息之处。

爱将我们领到那里，你的圣灵"将我们的卑微从死亡之门提升"，善良意志就是我们的和平。身体因其重量趋向其本有的位置，身体的重量并非必然向下的，但是朝向它合适的位置：火燃烧向上，石头向下。因其各自的重量，它们朝向不同的方向；它们寻找着自己的位置。当油被倒入水中，会漂浮在水上。这是因为它们本身的密度，它们寻找着自己的位置。没有在自己应有位置的事物就不会停留下来。一旦它们处于其该有的位置，就会停下。

我的重量就是我的爱。无论我在哪里，我的爱总是带着我。你的恩典燃烧我们：我们拾阶往上。经善良意志，我们被带向我的处所，永不想离开。

幸福就是只有永福的地方。

自我之爱与邻人之爱

"爱人如己"（《马太福音》22,39），当你对他人的爱胜过对自己的爱时，你对自己的爱才是合宜的。当你爱自己时也必须为邻人考虑，这样他也能全意爱他人。除非你试图让他人也实现你所追求的善好，否则你没有做到爱人如己。人类社会的责任由此产生，尽管社会中的错误是难免的。但是我们首要的目的就是变得仁慈，也就是说，我们不该恶意对人。

"爱是不加害于人的，所以爱就完全了律法"（《罗马书》13,10）。这句话虽短却切中要害……一个人对他人犯罪具有两种可能：要么直接伤害他人；要么在有能力的情况下没有帮助他人。

VI

至善与幸福

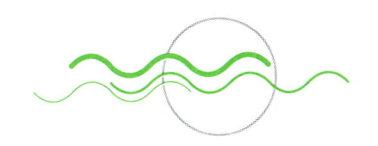

人若要获得幸福，必须知道什么值得追求，什么应该避免，知道什么是目的，什么是手段，什么值得安享，什么应当被使用。这在哲学上便涉及对至善和至恶的讨论。人的追求无外乎灵魂、身体或两者的结合。拥有真正的美德才能使得人在充满不确定的生命中找到确定性。

至善与至恶

我们借助理性来探究，我们究竟应该如何生活。人人都追求幸福生活，然而那些求而不得的人，那些所得有害的人，那些得非所求的人都不是幸福的。求而不得的人是缺乏的，得非所求的人是错谬的，一无所求的人是病态的。上述的种种情形都是不幸的，一个人不可能同时既幸福又不幸福。第四种情形是幸福生活——我们爱并拥有至善。一旦人拥有了这一追求的对象，这难道不是一种幸福吗？如果人无法安享他的善好，他就不能被视作是幸福的。如果我们追求幸福生活，我们必须考虑清楚我们的善好是什么。

现在我们需要追问的是，什么是至善？它并非比人低级的存在。追求更低的存在使人变得更低级，每个人都应该追随最高善，人应追随的最高善不会低于人。最高善是否与人自身相似呢？如果不存在，人应当安享较好的事物，最高善可能与人相似。但如果我们发现了比人的存在更高的事物，我们也能爱它并拥有它，这难道不是幸福的吗？如果幸福在于对最高善的追求，但是我们没有获得最高的善，我们能够被认为是幸福的吗？最高的善乃是不能违背我们的意愿而失去的善。人们若想保全某物，但它仍然失去的话，无人会说这是善好的事物。无论是谁，如果他安享此善，但不能持守它，那么他如何免于惧怕而幸福呢？

身体最高的善在于赋予身体活力和生命

什么是身体的最高善？理性告诉我们，当然是使得身体处于最佳状态的事物，但是所有使身体完满的事物都不如灵魂伟大。身体的善好不是肉体的快乐，不是远离痛苦，不是力量，不是美，不是快捷，不是所有被认为是身体好的事物，而是灵魂。因为上述种种都有灵魂的参与，甚至包括生命的存在。我认为无论我们将人归之于灵魂抑或身体，灵魂总归不是最高的善。因为理性告诉我们，身体最高的善在于赋予身体活力和生命。无论我们认为灵魂就是人，还是人是由灵魂和身体构成的，我们都必须探究是否存有外在的灵魂，灵魂可以追求它并达到自身的完满。如果我们可以找到这样的存在，那么所有的不确定都将终结，而且我们也必须认为这就是人真正的且最高的善。

如果我们承认身体可以等同于人，那么我们必须承认灵魂就是人的最高善。但是，如果我们讨论道德——此乃获得幸福的生活方式——道德并非身体所能感知的，我们所讨论的并非对身体的控制。总而言之，遵守好的习俗属于我们探究与学习的范围，但这是灵魂的特权。所以，如果我们探讨道德的领域，我们所关心的就不是身体了。有道德的灵魂统治身体，灵魂的完满导向身体的完满。那么，尽管我们认为身体是人，但是人的最高善还是灵魂。因为，如果我的车夫按我的要求，以最令人满意的方式喂他手下的马并驱驾，他也按自己的良好表现从我这儿得享更多恩惠，那么谁会否认马和车夫因我的教导而处于良好的状况，所以我的问题不在于身体或灵魂被认为是人，而是什么能使得灵魂完满；如果人们认识到了这一点，那么，人们要么处于最佳的状态，要么在有缺乏时改善自己。

哲学指向幸福生活

希腊人称道德为伦理（ἠθική）。至善就是因其自身而被追求，它也被称为目的。为实现这一目的，有的人认为通过身体，有的人认为通过灵魂，有的人则认为通过两者。不同的哲学家有不同的观点，有的哲学家关心身体的善，有的哲学家关心精神的善，有的哲学家关心这两者结合的善。

上述所有需要给以下的观点让出位置：既不关心身体的享受，也不关心精神的享受，而是关心对上帝的享受。享受上帝，并非精神享受身体或精神享受自身，亦非朋友之间的享受，而是如眼睛对光的享受。如果上帝帮助了我，我会在别的地方进行进一步阐明。

现在我想讨论柏拉图：柏拉图认为借助德性就可以获得终极的善，认识并接近上帝才能获得美德，对上帝的知识与亲近上帝是幸福生活的原因，所以他认为哲学思考就是爱精神性的上帝。那么当哲学的门徒、哲学家们开始享受上帝时，他们就获得了幸福生活。尽管当他享受他所爱的事物时不必然是幸福的（有的人不幸恰恰是因为爱不应该爱的事物），但我们还是要说当人们不能享受他们所爱的事物时也是不幸的。即便那些爱不该爱的事物的人也会认为，仅仅爱不能使人幸福，需要享受才能幸福。谁会否认当人们享受他们所爱的真的与最高善时，他们是幸福的呢？在柏拉图看来，上帝是真和至善，所以他认为他自己是爱上帝的哲学家。哲学指向幸福生活，爱上帝的、享受上帝的就是幸福的。

关心至高上帝的哲学家们认为它是万物的创造者，借助它的光，万物被我们所知。通过上帝，我们发现了自然的第一原则，教条的真理以及幸福的生活——无论这些哲学家是否被称为柏拉图主义者，抑或是有什么别的名号。

至善与至恶

当我们被问及关于上帝之城的事宜，最先涉及的便是我们有关至善与至恶的讨论：永恒的生命是至善，永恒的死亡是至恶。为了实现前者，避免后者，人必须正义地生活。《圣经》

有云:"属我的义人必靠信心而活。"(《希伯来书》2,38)正因我们还未真正看见自己本真的好,我们必须依靠信仰生活。正因为我们没有正确生活的能力,当我们相信并祈祷时,上帝给了我们信仰,我们才能正确生活。

那些认为在此生便可获得幸福的人,认为我们可以在身体、灵魂或是两者之一找到幸福;确切来说,在感官快乐、美德中或这两者的结合中;他们在自然对象中、美德或这两者的结合中寻求此生和自身的幸福。

此世的不幸

只要美德以自身为目的就是真的

雄辩的辞藻如何才能展现此世的悲惨呢?西塞罗在《吊亡女》中记录了他对亡女的哀思,即便有他的雄才,对此世的悲哀能够诉说得了多少呢?我们在何时、在何处、用何种方法才能保存自然的最初目的,以至于它们不会被不可预见的偶然夺走?难道快乐的对立面——痛苦,平静的对立面——搅扰,这些不会影响智者的身体吗?身体的残缺影响福祉和美感,疾病影响健康,疲软影响力量,麻木影响敏捷。难道上述种种不会影响智者们吗?身体的静止与运动,如果它是迷人的且健康的,可以被视为自然的最初目标,但假如身体患病,不停地颤抖呢?如果脊椎受伤,以致双手只能撑在地面,就像是四肢动物那样呢?凡此种种不都意味着身体的美与恩宠被损坏了吗?

被他们称为灵魂这一内在的善好又会有怎

样的情形呢？凭借感性和理性我们才可以理解并感知真理。但如果有人不幸耳聋或眼瞎，他的感觉难道不是受到损害了吗？如果有人不幸变疯了，他的理性和理智不是也因此而变得麻木了吗？疯子认为所有的荒唐之事往往与他们好的意图和品质相悖；如果我们目睹这些人的不幸，或许我们无法抑制我们的眼泪，那些受到魔鬼攻击的人又是怎样的呢？难道他们的理性不是也失去了作用了吗？邪恶的精灵不是也利用着他们的身体和灵魂吗？所以谁又敢确定地说，恶不会影响智者的身体和灵魂呢？此外，我们的肉体能得到多少真理呢？正如《智慧书》中所说："因为，这必腐朽的肉身，重压着灵魂；这属于土的寓所，迫使精神多虑。"（《智慧书》9,15）行动的欲求或是渴望，如果这就是希腊词欲望（όρμη）所表达的，它也被认为是自然的最初目标；当感觉迟钝，理性也沉睡的时候，疯子们的举动和行为不正令我们感到害怕吗？

无论灵魂显得多么强大，看似统治着身体，看似理性控制着恶行，但如若灵魂和理性没有臣服于诫命，便沦落为邪灵的奴隶。如果灵魂没有朝向至上，它自认为所有的美德——为自己的欲求而管理身体和恶行，实际上都是恶行，而非美德。有的人认为只要美德以自身为目的，不以其他的事物为目的就是真的。如果它们自我膨胀且骄傲自大，它们不能被称为美德，而是恶行。使得肉体有活力的不是肉体本身，而是高于肉体的事物，使得人幸福生活的不是自身而是高于他的存在。这不仅适用于人类，而且也适用于属天的存在。

瓦罗论至善

我将继续探讨这两座城的命运——上帝之城与地上之城。首先我需要解释人们应如何在不幸的生命中追求幸福。我们应该以清楚明白的方式来探讨它,而不仅是依靠神圣的权威。借助理性,我们可以解释给那些不信的人听哲学家所给出的期许与上帝给我们的希望是如何不一样的,以及与上帝所言给我们带来的完满是如何不一样的。

追求智慧的人就是追求至善

哲学家们提供了有关至善与至恶的不同观点,他们认真探究了什么使人幸福这一问题。至善就是出于其自身之故,其他的诸善被追求;至恶就是出于其之故,其他诸恶被避免。当我们谈论善的"目的"时,我们并不是指善的终结,而是意指最完满意义上的"善";我们所说的恶的"目的"也不是指恶的终结,而

是指最坏的"恶"。这两个极端就是我所说的"至善"和"至恶"。

我曾说过,在这虚空的生命之中,追求智慧的人就是追求至善、避免至恶。尽管人的犯错方式不尽相同,但因本性,他们离真理并不遥远。他们认为至善和至恶存在于灵魂、身体或者这两者的结合之中。从这一哲学的分类出发,马库斯·瓦罗在他的著作《论哲学》之中,通过精确地分析,给出了288个不同种关于幸福的定义。

为了澄清他书中的内容,我首先需要介绍《论哲学》里所指出的人因自然本性而欲求的四种事物。在此,本性的意思是指无须老师传授、无须教导、无须劳作,也无须生活的技艺(美德无疑是需要学习的)。这四种事物分别是:快乐(身体感官所追求的对象),安宁(身体免受干扰),前两者的结合(伊壁鸠鲁用享乐一词概述)及自然的首要对象(它要么属身体的,比如健康、安全等,要么是属精神的。)

如果我解释清楚了其中的一点,之后的那些区分就不再难以理解了。身体的快感低于、高于或同于美德。如此一来,我们又划分出了新的三部分。如果身体的快感为美德服务,那么这就意味着快感低于美德。如果身体的快感不存在,那么将无人传宗接代。食色皆身体之欲。如果欲望高于美德,美德则为欲望而服务。那么美德就是为了强化或保持身体的快感。一旦美德为身体的快感服务,生命就会失去其应有之序,即便如此,也仍有不少哲学家为这种观点辩护。如果身体的快感与美德互相不以对方为目的,两者就处于同一等级了。所以,快感或低于美德、或高于美德、或与美德平行,这样就又划分出了三个派别。平静、快感与平静的组合以自然的最初目的,也可以同样的方式各自给出三个派别。这些因素要么高于、低于或是平行于美德,于是我们就有了 12 个流派。

如果我们引入社会生活这一因素,这个数字又会被加倍。属于这 12 个流派的人要么是为了自己,要么是为了他人,这样就有 24 个流派了。如果我们引入新学园派的因素,我们就有 48 个流派了。这 24 个流派认为他们的观点是确定的（比如说，斯多亚认为人类借助善而获得幸福的方式在于灵魂的美德）；另外的人不确定他们的观点（新学园派认为他们的观点并非确定的，而只是接近真理的）。接下来，这些流派中的人可能会追随犬儒派的生活方式，或是追随其他哲学家的生活方式，于是就有了96种流派。最后，有的人热爱生活的闲暇从事自由研究，有的哲学家热心于公共的生活，热衷于管理公共事务，有的人致力于这两种生活。加上这一三分，我们就获得了288种流派。

如果不追求幸福，就没有必要追求哲学

我已经尽可能用我自己的语言简短且清楚地转述了瓦罗书中的观点。他随之反驳了其他的观点，而选择了老学园派的立场。老学园派为柏拉图所建，波勒莫（Polemo）是第四代掌门人，那时被称为"学园派"。在瓦罗看来，这一学派不同于新学园派。新学园派认为一切都是不确定的，这一观点始于波勒莫的继承者阿凯西牢斯（Arcesilaus），老学园派远离了错误和不确定性。处理瓦罗论证的种种细节需要花费很多时间，但是他给出的理由不应该被我们忽略。

首先，他排除了关于不同流派的划分，因为他认为这些流派的划分与至善的讨论关系不大。他认为如果没有涉及对至善和至恶的讨论，就不应该被归属于哲学。如果不追求幸福，就没有必要追求哲学，使得人类幸福的无疑就是至善。除非追求至善，无人追求哲学，没有对至善的讨论也无所谓哲学的流派。所以，当人们被问及智者是否追求社会生活，即在关注自己的幸福之时，是否也同样为他的朋友考虑，这在瓦罗看来并非对于至善的讨论。这仅仅涉及人们是否关心他人如自己一样追求好的生活。此外，新学园派所讨论的事物是不是确定的，这一问题也并非涉及对至善的讨论。这只不过涉及我们是否怀疑我们所追求的真理。换言之，这个问题在于人们所持有的关于至善的观点是否是确定无疑的。再者，犬儒派所倡导的生活方式与至善也没有直接的关联。追求真正好的人应该追求那些习俗和生活方式。毕竟有一些人，追求不同的至善，但是仍然接受了犬儒派的习俗和生活方式，犬儒不同于其他哲学家的因素并不能使得他们对幸福生活的看法有什么区别。同样的生活方式要求同样的目的，不同的生活方式可能排除了对同一目的的追求。

此外，关于这三种生活——闲暇之中对真理的凝视或是对真理的探究，积极地参与人事的管理，以及这两者的组合——当被问及这三种中的哪一种更值得被追求，实质上与至善没有关系。这三种只是涉及哪种方式更加容易获得至善。当一个人获得至善时，就能实现幸福生活。但是无人会因为仅仅过上闲暇的教养生活，从事公共事务或者两者的结合就能幸福。其中任何一种生活都可能在寻找带来幸福的至善之中发生错误。

所以，关于至善与至恶的讨论——这是区分不同哲学学派的标准——是一回事，对社会生活的讨论，学园派的怀疑，犬儒派的饮食方式及其他的三种生活方式（闲暇的、积极的及两者的结合）是另外一回事。借助上述四者的区分，瓦罗被分成了 288 个哲学的流派，所以，一旦排除了那些与至善无关的分类标准，他就回到了最初的 12 个派别，这都与人类的善好有关（实现这些善好就可以幸福）。如果这三种生活方式的区分被他排除，三分之二个哲学派别就被排除了，还剩下 96 个派别。如果犬儒派这一因素也被排除，那么就只剩下一半——48 个派别了。若我们继续排除学园派的这一因素，就只剩下 24 个派别。如果再排除社会生活这一因素，就只剩下 12 个派别。

美德就是为了获得或是保持内在的善好

对于剩下的这 12 个派别，我们无法否认这是真正的分类，因为他们涉及对至善的讨论。此外，一旦你发现了至善，你就立刻能找到至恶。为了得到这 12 个派别，我们必须找到 4 乘 3 的组合：快乐、平静、两者的组合及自然的最初目标，瓦罗称之为"内在的善好"。它们有时置于美德之下，那么它们就不是因自己之故而被追求，而只是为了获得美德。有时候它们被置于美德之上，美德就是为了获得或是保持这些善好。有时候它们的地位和美德是平行的，那么它们和美德都是因自身而被追求。通过这种组合方式，我们得到了 12 个哲学的派别。瓦罗从这四者之中排除了三者：快乐、平静和两者的组合。他排除的原因在于自然的最初目标已经包含了快乐和平静。在瓦罗看来，仅存在的三个哲学派别，需要被小心地甄选。同时，我们需要简明扼要地看看瓦罗是如何选择这三个派别的。要么是自然的最初目标为美德而被寻求，要么是美德为自然的最初目标而寻求，要么是分别为了美德和自然的最初目标而寻求。

人是由身体和灵魂构成的

瓦罗通过以下的方式探寻什么是最真的和最值得追求的事物。首先，他认为哲学之中至善并非植物、动物的，也不是上帝的，而是关乎人的。那么，值得追问的是，人是什么？他知道，人具有两个本性，身体和灵魂，他也承认，灵魂具有优先性。但是，灵魂本身就是人了吗？身体之于人就好像是骑士之于马的关系吗？骑士之所以是骑士就在于他与马之间的关系，骑士本身并非人和马。身体本身就是人了吗？人身体与灵魂的关系就好像是杯子和饮品之间的关系吗？并非杯子与饮品之间的关系使得杯子为杯子，它本身就是杯子，因为它能够容纳饮品。抑或说，既非灵魂本身，也非身体本身就能构成人，而是两者一起构成了人。在这样的情况下，是否我们可以认为身体和灵魂的关系就如同两匹绑在一起的马那样？但是无论这两匹马如何接近，我们都不能说其中的一匹是一对。

在上述的三种可能性之中，瓦罗选择了第三种立场，人是由身体和灵魂构成的。借此他认为人的至善存在于身体和灵魂之中，最值得追求的事物是因其本身而被追求的。美德作为生活的方式，也能够被教导，是灵魂中最好的部分。美德——管理生活的方式，如果接受了自然的最初目标（*在美德教育之前就存在*），就会为了这些目标而追求，与此同时，也会为了自身而追求。所以美德利用所有的一切包括它自身以为了享受最初的目标而获得愉悦。这一愉悦以目标的多少而定。如若必要，他们会放弃较小的目标来追求较大的目标。无论是身体的目标还是灵魂的目标，美德都将置于两者之前。有了美德，人们才可以为了幸福而正确地使用自己和其他的事物。如果缺乏美德，不论人们拥有多少好的事物，都不能被称为好的。如果不当地使用这些好，就不能被称为好的。

生命和美德并非等同的

人被称为幸福，只有当人享受美德以及其他精神性的事物，如果没有美德就无法存在。但是如果人们可以安享一种或多种其他的善好，同时也有美德，人们可以被看作更加幸福，如果他享有比美德更多的事物，被看作是最幸福的，如果他所拥有的事物不仅仅属于身体和灵魂。因为生命和美德并非等同的，如果没有了生命就没有了美德。关于这一点，我将借助于记忆与理性这些精神官能：它们比学习更早。身体的优点，比如脚步的快捷，美丽、力量对于美德而言都不是本质性的，但是它们也是善好的事物；我们的哲学家们认为，尽管这些事物出于自身之故而为美德所求，利用美德并安享它们。

这些哲学家所说的幸福生活是社会性的，

我们应该如爱我们自己的事物那样爱朋友的事物，想朋友之所想。要么是家庭里的妻子、儿女或是其他成员；或是在城里共同生活的朋友；从更大的层面来说，抑或是人类社会的朋友；或是天地间的朋友，哲学家所说的诸神，被认为是智者们的朋友，我们一般称之为天使。此外，他们认为对至善与至恶没有什么可值得怀疑的，这使得他们不同于新学园派的。至于他们的起居饮食是否与犬儒派的生活方式一样，对于他们而言不会产生实质性差别。最后至于这三种生活方式，沉思的、行动的及这两者的结合，他们更倾向于第三者。这是老学园派的观点和教条，瓦罗承认安提俄库斯——西塞罗和他自己的老师的权威性，尽管西塞罗认为他自己与斯多亚的关系比老学园派更近。但是对于我们而言更重要的是，我们应该更加关注事物本身，而并非学派之间的细微差别。

安享与使用

> 安享不是享乐，使用也并非为了享乐之故

存在着享用与使用的区分。尽管有人试图证明每一个善好本身都是有用的，每一个有用的事物本身也可被认为是好的，但我们还是需要说安享是因自身而被追求，使用是为了他者之故。偶尔有些智慧未开之人认为这两者是互相矛盾的，但是我们要说安享不是享乐，使用也并非为了享乐之故。人类之所以会出错就在于使用了本应当享用的事物，享用了应当使用的事物。所以说，好的秩序（或者说所有的德性）要求安享的事物被安享，使用的事物被使用。我称那些安享的事物是理性的美，是属灵的；使用则属于神圣的预定。

安享与带着愉悦地使用很相似。当我们得到被爱的事物，就会带来快乐。如果你超越了这个快乐，而朝向永久性的目的，你就是在使

用它；如果说你在安享它，就是不恰当的。

我们认为喜乐就是意志驻留在知识的对象上，因为这些事物本身而感到快乐。

编译后记

奥古斯丁是一位连接古代哲学和中世纪哲学的伟大的哲学家,在他这里我们既能看到古希腊理智主义传统对理性、德性及智慧的推崇,亦可感受到基督教传统下的谦卑与虔诚。他的幸福观亦有这样的色彩,一方面幸福不仅需要理智的判断和美德的修炼,另一方面还需要上帝的恩典、坚定的信仰、虔诚的爱以及希望。

在本书中,我们既可以看到奥古斯丁以对话的形式与友人们一起探寻真理、追求幸福,亦可看到奥古斯丁以内心独白的方式和上帝对话、返回内心的深处,还有奥古斯丁对不同学派的耐心评述，并以一颗谦卑的心为古典的思想注入新的力量。

据笔者所知，中国对奥古斯丁思想的最早介绍可以追溯到利玛窦的相关著作。奥古斯丁著作的翻译和研究在近年来进展很快，其中也不乏有很多非常杰出的译本和研究著作。翻译奥古斯丁的著作，是笔者翻译哲学原作的首次尝试。笔者一开始是不敢接下这一任务的，但应老师们的热情邀请，才斗胆硬着头皮完成了此次翻译工作。

对于奥古斯丁幸福论的编译，本书选取的文本主要是《反学园派》(*Contra Academicos*)、《论幸福生活》(*De beata vita*)、《论自由决断》(*De libero arbitrio*)、《忏悔录》(*Confessiones*)、《上帝之城》(*De civitate Dei*)、《论天主教德行与摩尼教德行》(*De moribus ecclesiae catholicae et de moribus Manichaeorum*) 等。英文翻译主要参照了 John Rotelle 编辑出版的英文版《奥古斯丁著作集：给21世纪的翻译》(*The works of Saint Augustine: A translation for the 21st century, New City Press, 1990*)。翻译的过程中亦参看了如下的译本：周世良译《忏悔录》(商务印书馆，1963)；吴飞译：《上帝之城》(三联出版社，2007)；石敏敏译：《论秩序》(中国社会科学出版社，2017)；成官泯译：《独语录》(上海社会科学院出版社，1997)。读者若对拉丁语感兴趣可以上网查阅

https://www.augustinus.it。

  翻译无疑对译者的中文和外文水平有着很高的要求，翻译过程中的情绪和心境也会影响翻译的优劣，难免会出现一些错误，故而笔者恳请方家多多批评指正。若有问题可与此邮箱联系（tenghex@outlook.com）。

贺 腾
2021 年 5 月